常盤平団地発信
孤独死ゼロ作戦
生きかたは選べる！

中沢卓実 著
結城康博 監修

本の泉社

はじめに

中沢　卓実

「孤独死ゼロ作戦」――この言葉をわがこととして受け止めるようになったのは、私の住む常盤平団地で発生した「白骨死体で三年」、あるいは「こたつで伏せて四カ月」という痛ましい「孤独死」の現場に立ち会ってからです。このふたつの出来事が、「孤独死ゼロ作戦」を展開するきっかけとなり、「人の死を無駄にしてはいけない」と考え、さらに「孤独死」を生む社会的背景をまとめることにもなりました。

当初、私は、「孤独死は団地固有の問題」と考えましたが、数々のデータを調査した結果、そうとばかりは限らないと気づき、「孤独死対策」に熱中する羽目におちいった次第です。

「孤独死」問題の今後の課題は、新聞・テレビ・雑誌にも広く取り上げられています。厚生労働省の「研究会」と「推進会議」で、私も事例報告の機会を与えられました。「孤独死」を発生させる背景には現代社会がかかえる病巣があると同時に、次第に教育畑でもその重要性が指摘されてきています。

私ども団地自治会が、「地域福祉」という地域の幸せづくりの視点に立ってきたからこそ、「孤独死の奥深さ」を考えるにいきついたように思います。地域で、「孤独死」を地域福祉の究極の課題としてとらえたのも、その実践のおかげです。

そしてそれを「孤独死ゼロ作戦」と名付けたのも、この課題がたちまち全国に広がりをみせたのも、どちらも自然の成り行きといえましょう。

私どもは、人間にとって何より大切なことである、「命の尊さ」を知りました。なんといいましても「死は生のカガミ」であり、「どう死ぬか」は、究極的に「どう生きるか」という「生き方」に関わると考えます。また、死は選べないが、「生き方」については選ぶことができることも改めて知りました。

現場から学ぶ、実態から学ぶ、経験から学ぶ――それにしても、「孤独死」が限りなく多くのことを教えてくれています。

本誌監修の結城康博氏とは、「孤独死」問題を考える現場で知り合い、結城氏のおかげでこの本を生むことになりました。「孤独死」から学んだ一端をまとめた次第ですが、この本が、「孤独死ゼロ」はもとより人間の幸せを考える助けとなれば嬉しいかぎりです。

■目　次■

第一章

孤独死ゼロ作戦
――四つの課題――

（1）「孤独死」問題に取り組むきっかけ

■ 白骨化された遺体

二〇〇一年春、常盤平団地内で一人の白骨遺体が発見されました。死後三年が経過していたようです。

五九歳の男性Aさんが、台所の板の間で亡くなっていたのです。電気がついたままで、電気のメーターも回っていましたので、近所の人はずっと生活していると思っていました。

当然、公団住宅ですから、家賃は振り込みです。従って預金があれば自動的に引き落とされていきます。しかし、ついに預金が底をつき、当時の公団職員が家賃の督促に訪れたことで、ようやく男性は発見されたのです。

当時のAさん宅は、一LDK家賃が三万一七〇〇円、共益費一八〇〇円で、合計三万三五八〇円でした。これは年間で四〇万二九六〇円となり、三年間で一二〇万八八〇〇円となります。この他、ガス代・電気代・水道代の基本料金も払い続けていたのです。

団地住民は「ショック！」の一言でした。自治会をはじめ、団地の社会福祉協議会（団地社協）と民生委員らも、相当、落ち込みました。

　警察が白骨遺体を運び出したあと、Aさん宅の玄関ドアに、同じ地区に住む民生委員のOさんが、「家族の方がお見えになられたら、民生委員××まで電話してください」と書いたメモ用紙を貼りました。

　数日たって、隣町に住む弟さんと妹さんから連絡をいただき、話を伺うと、「兄は五人兄弟の長男で、離婚してひとり暮らし。子どもはいるけど、子どもや兄弟姉妹とはいっさい連絡を絶っていました。本人は毎日のように焼酎を飲んでいたようです。この団地の方にお世話になっていたようで、いろいろとありがとうございました」とのことでした。

　近所の方々も、「すれ違っても挨拶をするでもなく、怖い感じの人でした」と。死後（発見前）におこなわれた国勢調査の担当員Tさんから、「Aさん宅は、夜も昼も電気がつけっぱなしで、水道のメーターも回っているのに本人が出てこない。どうしたらいいのでしょうかと思っていたところです」と連絡を受け、私もまさか亡くなっているとは知らずに、「仕方ないから調査不能として書類を出すしかないですね」とアドバイスをしていたのです。

　ことの経過を知った民生委員、地区社協関係者も、私ども団地自治会も、

「どうすれば!? どうすればいいのか分からない……」と落胆するばかりで、時間が過ぎていきました。事後対策もたてられないまま、打つ手がないという状況でした。

またも遺体発見!

ところが、翌年、今度は、コタツに入ったままの男性の遺体が発見されたのです。

死後四カ月が過ぎた、五〇歳の男性Bさんの遺体でした。発見時、カップラーメンの食べ残しやワンカップ酒のビンが部屋中にちらかっていました。しかも、コタツの電源が入ったままでした!

この遺体が発見されたのは、団地内でBさんが亡くなっているのではないかと噂が広がったことからでした。この噂を聞き、さっそく私は、仕事場から電話をかけまくりました。お向かいのおばあちゃんは、「ベランダの網戸にいっぱいハエがとまるようになっている。どうしたんでしょうか。ヘンな臭いもするし」、下の階に住むCさんとDさんは口をそろえて、「あのヘンな臭いは、もしかすると…」、「あれは亡くなったときの臭いですわ。それを思うと気味が悪くて……。天井の部屋の隅から虫が落ちてきそうで、もう、ここから引っ越したくなるくらいです……」とおっしゃいました。また同じ階段を利用している人から、「どうやら、最近、何か事情があって奥さんと子どもが家を出ていってしまい、Bさんはひとり暮らしになっているようだ！」との情報を聞き出しました。

近所の方々とこのようなもろもろの会話があって、Bさんと別居中の奥さんを探しあて、やっと連絡がとれました。

常磐平団地の一部

知らせを聞いて駆けつけた奥さんによれば、「夫は、昔、コンピューター関係の仕事をしていたのですが、何年か前にリストラされてしまい、無職となりました。それからも、夫の家庭内暴力などいろいろな事情があって、私と子どもは別居したのです」ということでした。そのため、部屋中散らかり放題で、この男性は不規則な生活になっていたのです。

しかも、自分で料理する習慣が身についておらず、毎日のようにカップラーメンだったのでしょう。長年、何でも妻任せの生活だったようです。ドメスティック・バイオレンス問題で妻子が離れていき、独りになってこのような生活スタイルになってしまったのでしょう。

奥さんは、夜の仕事をしながらほそぼそと生計をたてていました。Bさんの死後、部屋の消毒などの後始末を便利屋に頼み、八〇万円ほどかかったそうです。その後、生命保険の証書探しから、保険金がおりるまでの手続きなど、奥さんを励ましながら、自治会としてお手伝いできるところはやってきました。

「孤独死」の定義

基本的に、新聞に記載されている『ひとり暮らしで、誰に看とられることなく亡くなる』を定義としていますが、東京新聞（二〇〇六・五・七朝刊）では、「『ひとり暮らしをしていて、誰にも看とられずに自宅で亡くなった』場合を、孤独死として扱うこととします」と記述されました。まちまちな定義がありますので、模索中というのが本音のところです。

「孤独死」で亡くなられる方のなかには、日頃からボランティアや家族・自治会役員などの見守りといった「ケア」がなされている方もいますが、死の際は「誰にも看とられることなく亡くなる」場合が多いのです。しかしこのような場合は、少し意味が違う「孤独死」といえるのかもしれません。

そもそも「孤独死」という用語は、一九八〇年ごろから使われはじめ、一九九五年の阪神大震災の仮設住宅でひとり暮らしの「死」が相次ぎ、「孤独死」という言葉が一般化されていったようです（額田勲『孤独死――被災地神戸で考える人間の復興』一九九九年　岩波書店）。

(2)「孤独死対策」の始動

■「孤独死一一〇番」

この二つの事件をきっかけに、自治会長であった私は、皆と相談しながら何かしなければならない！　と決意しました。自治会と団地社協が、役員会や理事会を開いて、本格的に「孤独死対策」に取り組むようになったのです。

まず、「孤独死一一〇番」体制をつくり、緊急時には、関係者が連絡し合うシステムを整備したのです。私は、出版の自営業ですから仕事場に寝泊まりすることも多く、そこが事務所兼別宅のようになっていたので、とりあえず、この仕事場を一つの拠点とすることにしました。

何か異変があれば、何時でも私に連絡するように団地住民に伝え、情報を一元化できるように心がけました。そして、連絡が入った際にはすぐに、団地の大屋である「UB都市機構（旧公団住宅松戸管理センター）」に連絡し、民生委員や自治会役員が駆けつけるシステムをつくったのです。自治会及び関係者が皆で協力してがんばりました。

■ネットワークを組み　〝「孤独死」を考えるシンポジウム〟を開催

二人目の遺体発見から三カ月後の二〇〇二年七月一七日、三〇〇人収容可能な常盤平市民センターホールを貸し切って、〝第一回「孤独死」を考えるシンポジウム〟を開催しました。

一般的に「死」の問題を口にすることはタブー視され、お寺の住職さんや葬儀屋さんの話だと思われがちです。まして、マンションや団地においては、評判や住居価値などを気にして、公にしたがらないのが普通ではないでしょうか。

しかし私どもは、思い切って、団地住民へ「孤独死」の問題を投げかけてみることにしました。「団地内では、このような問題を抱えている」と団地住民みんなで事実を認識して、それらの課題を共有してもらおうと思ったのです。

このシンポジウムには、予想外に、団地内から大勢の方が参加しました。これら二つの出来事の経緯や事実関係を報告し、「どうして起きてしまったのか」、「近隣関係はどうなっていたのか」、「近所づきあいはどうであったのか」など、いろいろなことが話し合われました。

そして、「早期発見！　早期対応に努めよう！」、「近所づき合いを大切にしていこう！」、「隣近所がどのような生活をしているのか、気にかけよう！」などを確認して、シンポジウムを終えることができました。

■新聞販売店への協力要請

「早期発見、早期対策には？」ということで、「そうだ！　新聞配達だ」と気づきました。雨の日も風の日も毎日、朝刊と夕刊が二回配達され、月一回集金もされます。

そこで、朝日新聞、読売新聞、毎日新聞、産経新聞の販売店と自治会で「協定」を結びました。「配達する時に新聞がたまっていたら連絡してほしい」と私どもが申し出ましたら、各販売店は地域貢献の観点から積極的に協力してくれたのです。

千葉県主催「孤独死ゼロを目指すシンポジウム」で（2007.3.22）

■カギ屋との協力

しかし、これらの取り組みを実施しても、残念ながら「孤独死」はまた発生し、私どもは「死」の現場を、数回経験していきました。

そして、ほとんどの方がカギを閉めて亡くなっていることに気づきました。当然といえばそうかもしれませんが、そのカギが、発見する際に大きな障壁となっていたのです。あやしいと通報を受けた後、お隣にお願いして、ベランダ越しに侵入することも少なくありませんでした。

そのため、カギ屋さんと自治会が「覚書」を交わしました。公団住宅は、都市機構が合い鍵を保持していないのです。登録している連絡先もあてにできません。そんなわけで、何かあればカギ屋さんが駆けつけて協力してくれることになりました。

■清掃協業組合も無償で協力

「孤独死」に個別対応するなかで、最も配慮しているのが、「身内の方への緊急連絡」です。警察にも緊急通報します。なかには身寄りのない人、遺体を引き取る人すらいないケースもあります。この場合、部屋のなかにある家具や持ち物の処分、ゴミの処分は大変です。

松戸市内の清掃協業組合が身寄りのない「孤独死」の部屋のゴミを選別し、搬送する、と申し出てくれました。しかも無償です。私どもも大変ありがたいことですし、大家さんである都市機構にとっても助かります。

ちなみに、身寄りのない「孤独死」の場合、検死の後に、警察から市と契約している葬儀屋さんが遺体を引き取り、お骨にして納骨堂に納めます。私どもは、納骨堂に納める前にお骨をお借りして、公団集会所で身寄りの人に代わってお参りします。自治会役員・団地社協の役員、都市機構の職員でお参りさせていただきます。

■息がなければ一一〇番、虫の息なら一一九番

団地では当初から、自治会、団地社協、民生委員が一緒に「孤独死対策」を続けてきました。そして、「△号室の△△さんが、どうもあやしい？」と連絡が入ると、すぐに関係者が様子を見に行くようにしました。残念ながら亡くなっていると、警察を呼んで対応してもらいます。幸いにも息があるときは、救急車を呼んでその人を病院へ連れていくことにしています。

時には私も救急車に乗りこんで、病院まで一緒に行くケースもありました。身内に連絡がつかず、民生委員らの関係者がいろいろと支援することも繰り返されていったのです。

東京都民生児童委員協議会で報告する中沢氏
（2006.12.13）

■「孤独死」は団地特有の問題ですか？

徐々に私どもは、「孤独死」自体が、「団地に多く起こる傾向がある」といわれることに疑問をもちはじめました。それを裏付けするために、二〇〇二年のたしか一〇月ごろ、松戸市全域で、年間、何人ぐらいの「孤独死」が発生するのかを調査して欲しいと、市役所へ頼みに行きました。「死亡」に関する管轄は警察なので、市役所

表１：松戸市内孤独死数の推移

人

	合計	男性	女性
平成15年	90	59	31
平成16年	95	68	27
平成17年	102	67	35
平成18年	72	51	21

松戸「社協だより」広報各号より作成

表２：松戸市内年齢別孤独死数

人

	50歳～64歳	65歳～74歳	７5歳以上～	合　　計
平成16年	36	28	31	95
平成18年	17	28	27	72

松戸「社協だより」広報各号より作成

表３：松戸市内警察署管轄別孤独死数

人

	松戸署	松戸東署
平成16年	60	35
平成18年	32	40

松戸「社協だより」広報各号より作成

と警察に調査してもらうことにしました。

常盤平団地の「孤独死」は、年間平均四件～五件でした。しかし、松戸市では二〇〇六年の「孤独死」件数が合計約九〇名であったことを、警察は把握していたのです。しかも、六四歳以下が三〇％強、男性がほぼ七〇％も占めていました（表1、表2）。

松戸市には「松戸警察署」と「松戸東警察署」の二つの警察署があります。調査の結果、旧市街地の管轄「松戸警察署（二〇〇四年孤独死六二名）」の方が多いと結果が出ました。

旧市街地は、昔、農家であったり商店街であったり、比較的一軒家に住んでいる方が多い地区になります。つまり、「孤独死」は、必ずしも団地といった集合住宅のみの問題ではないということが裏付けされました（表3）。

誕生当時の常盤平団地

■「孤独死」は高齢者だけですか？

表2の年齢欄からもわかりますように、「孤独死」は必ずしも高齢者の問題ではないようです。むしろ、五〇歳～六四歳といった、働き盛りの「若年孤独死」が三六％も発生して

いるのです。これは意外なことでした。

しかし、平成一六年～一八年の「孤独死数」を比べると、全体の人数が減っているこことがおわかりでしょう。それは、「若年孤独死」の人たちが減っているのです。

この若年層の減少傾向は、私どもの団地が、勇気を奮って情報を開示したことがきっかけになったのではないでしょうか。

松戸市内で「孤独死」に関するシンポジウムを開催したことが、マスコミに大きく取り上げられ、その報道のおかげもあって、松戸市民に「孤独死」の問題意識が啓発されて、単身者が自ら注意するようになったのではないでしょうか。一人ひとりのちょっとした意識の向け方から、「孤独死」が減少したのではないかと私どもは考えます。松戸市民全体が、自ら「孤独死」に配慮して、個人的にゼロ作戦に取り組んだ経過ではないかとみているのです。

■シンポジウムは欠かせません

引き続き、二〇〇三年八月一八日には〝第二回「孤独死」を考えるシンポジウム〟を開催し、「孤独死」問題意識の啓発に努めました。翌年六月には、森英介厚生労働副大臣をお招きして〝第三回「孤独死」を考えるシンポジウム二〇〇四〟を開催しました。その会場には約一〇〇〇人以上の方々が集まりました。

さらに翌年、二〇〇五年一二月一七日には、松戸市民会館で地域福祉フォーラム「孤独死ゼロ作戦を考える」を開催し、千葉県知事 堂本暁子氏による基調講演をお願いしました。千葉県、千葉県社会福祉協議会、松戸市社会福祉協議会と協働して、全県的に視野を広げて、開催したのです。このシンポは大成功を収めました。そして全国的に「孤独死」の課題をアピールする契気にもなりました。

「いきいきサロン」のオープニング（2007.4.15）

■「いきいきサロン」の開設

「孤独死ゼロ作戦」の一環として、二〇〇七年四月一五日、高齢者の集いの場「いきいきサロン」を開設しました。このサロンの目的は、誰でも気軽にお茶を飲める場（サロン）を設けることです（第三章末図表４）。サロンに来て、近所の人と気軽にしゃべっているうちに、仲間をつくってもらうのです。

自治会役員らも立ち寄ります。ひとり暮らしの閉じこもりを防止するために、誘い合ってサロンに出向き、なにげない会話のなかから一人ひとりの実態や事情を自然に共有していきます。また、人材発掘にもなります。

このサロン開設にあたり団地内に店舗を借りました。家賃は一二万五〇〇〇円のところ、「UB都市機構（旧公団）」の協力で、半額の六万円にしていただきました。とてもありがたいことです。家賃をまかなう経費は、団地自治会が三万円、団地社協が三万円支払うことで運営の運びとなりました。

■「いきいきサロン」は年中無休です

運営は、約三〇名の有償ボランティアによる世話人が二人体制（時給二〇〇円）でおこなっています。ローテーションを組んで出勤し、コーヒーを出したり、団らんしたり、みなさん、楽しみながら奉仕活動をおこなっています。

これまでは、どちらかというと家のなかでテレビを見ているのを好んでいた人たちも、最近は徐々にサロンに足を向けてくれるようになりました。

なぜなら、テレビは話し相手になってくれません！　あいさつをしても反応がありません！　でもこのサロンに遊びにくると、あたたかい交流があるのです。入室料は一人一〇〇円で、コーヒー・紅茶など飲み放題です。ひとり暮らしの方が、弁当持参でお昼を食べに来てもいいのです。

はじめのころは、しょんぼりしておっかなびっくりサロンに来ていた人が、そのうち話し相手を見つけ、表情が変わってくるのです。人と話したり人と接触をすると、サロンに来るみなさんの表情が明るく豊かになってくるので、私どもは「これだ！」と思いました。

ともすれば「孤独死予備軍」になりかねなかったような人が、このサロンへ来て「あいさつ」をする、「話」をする、「仲間」をつくる、そして「常連」となっていくのです。

「いきいきサロン」の明るい室内

今、サロンには、一日約四〇名の方が来ています。二階は、団体サークルが使えるように、二つの和室の貸し部屋があります。サロンの運営は、正月だけは休みますが、土日祝日も年中無休。開店時間は、昼の一一時から夜六時までです（冬場は五時まで）。全国でも初の試みだといわれています。おそらく他のところでは、月に何回とか、役所の公民館を借りてやっているのが通常だと思います。

団地住民にとって、年中無休の自分たちのたまり場があり、そこへ行けば誰かかれか人がいる、こざっぱりして居心地のいい空間、楽しい、楽しければまた行きたくなるのが人情——

という訳で、いつも人が集まっているのです。

■「あんしん登録カード」

同じく七月に、「あんしん登録カード」という個人情報登録システムを設け、全戸に配布しました。六五歳以上の老夫婦やひとり暮らしの方、あるいは障害をお持ちの方などに簡単な個人情報を記入してもらい、字が書けない状況の方には代筆し、本人の同意のもとで団地社協に提出してもらいました。

「孤独死」や、急病の際には、普段の状況や連絡先などが明記されていると、よりスムーズに支援ができるのです。

しかし、これらは個人情報ですから、団地住民と自治会や団地社協との間に信頼関係が成り立っていなければ協力は得られません。幸い、三八〇名もの方から登録していただき、私どもは、自治会や団地社協が信頼されていることを肌で感じました。そして、皆で「一層、がんばろう！」という気持ちになったのです（第三章末図表5）。

■ NHKスペシャルで放映

二〇〇五年九月二四日、NHKスペシャル「ひとり団地の一室で」が放映されました。NHK取材陣は、四カ月もの期間、私どもの団地に住み込み取材をし、「孤独死」のポイントを的確に描いたドキュメンタリー番組を作成してくれたのです。視聴率も九・五％と高く、かなりの反響がありました。

ＮＨＫスペシャル「ひとり団地の一室で」が「地方の時代」映像祭グランプリとＡＢＵ賞に輝き、ダブル受賞記念祝賀会を開催（2006.11.23 松戸・三協会館で）

このTV放映は「孤独死」の啓発に大きく寄与したと思います。この番組は、「地方の時代 映像祭」でグランプリに輝き、しかも、「アジア太平洋放送連盟総会」でも入賞するなど、多方面から高い評価を得たのです。

後に、佐々木とく子・NHKスペシャル取材班著『ひとり誰にも看取られず』（二〇〇七年　阪急コミュニケーションズ）が単行本として出版され、すぐに完売してしまうほど、センセーショナルに多くの方に読まれました。

もう一つの特徴は、国際的に注目されてきているということです。韓国のMBCテレビが放送しました。

さらに、イギリスの『ザ・ガーディアン』紙も半ページにわたり掲載、ロイター通信からも取材がありました。こうして、国際的なメディアが次々と、日本で起きている「孤独死」問題に注目していきました。

英国『ザ・ガーディアン』紙の取材に応じる
（2006.12.27）

（3）行政との連携

■「まつど孤独死予防センター」の開設

二〇〇四年七月二三日、全国で始めてといわれる「まつど孤独死予防センター」を開設することになりました。従来の団地社協事務所をざっと四倍のスペースに拡充して、「孤独死対策」の拠点を確保したのです。いわば、団地社協と称する地区社協と予防センターの協同事務所を確保することにより、住民の来訪者がさらに多くなり、報道関係者の取材への対応なども多面的にできるようになりました。

当初、松戸市役所の高齢者福祉課に看板を設けるべきだと私は主張しましたが、問い合わせがあった場合に、市役所では対応が充分にできないのではないかと言われ、常盤平団地内の団地社協のなかに設けることになりました。

結果的に、市役所と連携を取りながら「まつど孤独死予防センター」を開設し、私ども住民が主体となってセンターを運営しています。おもに、市内外の「孤独死予防策」、「情報収集及び発信」を目的としています。

現在、当センターの所長は、民生委員を何十年もやって来られた、坂井　豊氏が務めております。私どもはこの事務所で、民生委員による「福祉よろず相談」を開設し、「電話相談」で簡単な相談に応えています。また「対面相談」も、支所内の別室で週一回実施しています。他にも「ひとり暮らし宅の訪問（安否確認など）」、「電気・郵便物・水道メーターの確認」、「照明・テレビなどの確認」なども実施しています。

団地社協オフィスと同居している「まつど孤独死予防センター」

■松戸市における計画

二〇〇五年度になると、松戸市も、「社会福祉協議会への高齢者孤独死防止モデル事業に対し助成をいたします」という市政方針を明確に打ち出しました。そして、二〇〇六年三月、『松戸市地域福祉計画』の第七章に、今後の計画推進のためにこれまでの活動事例として、常盤平団地自治会の「孤独死対策」を大きく紹介しています。

また、松戸市『いきいき安心プランⅡ』（第四期松戸市高齢者保健福祉計画、第三期松戸市介護保険事業計画）においても、地域ケア推進事業として「孤独死防止モデル事業の取り組み」が位置づけられ、市政の大きな取り組みの一つとしています。ここでは、市が、全面的にこれらの取り組みを支援していくことを述べています。

『千葉県高齢者保健福祉計画（二〇〇六年度〜二〇〇八年度）』においても、コラムに常盤平団地の取り組みを紹介し、これまでの経過と「孤独死対策」のポイントが簡単に述べられています。このように、松戸市・千葉県と連携を図りながら、県内に「孤独死対策」が浸透しつつあるのです。

松戸に続いて、二〇〇六年四月、宮崎県では、県警察本部、自治体や消防関係者からなる「宮崎県高齢者孤独死防止対策連絡会議」が設置され、同年一一月『高齢者の孤独死防止策に関する報告書』がまとめられています。

■厚生労働省へ要請

二〇〇六年八月、私ども自治会と団地社協は、川崎二郎厚生労働大臣（当時）に対して、国が主導して「孤独死対策」を講じるよう陳情しました。厚生労働省をたずね、中野清副大臣に陳情書を手渡しました。

『孤独死』は、全国的な問題で、各地域で深刻化しているはずです。国は早急に『孤独死』の定義を明確化し、全国調査を実施して欲しい」という内容の要請です。

その後、厚労省は二〇〇七年度に、「孤立死防止推進事業」として、一億七〇〇〇万円の予算措置をおこないました。本当は、「孤立死」ではなく、「孤独死」という言葉が社会一般に浸透していると思いますが、とにかく「国」も少しは動いてくれたという感じです。

（4）四つの課題

中野清副大臣（右から2番目）に陳情書を手渡しする中沢氏

私どもは、こうして約五年間、「孤独死」問題についてしゃかりきになって取り組んできました。名付けて「孤独死ゼロ作戦」です。そのなかから見えてきた四つの課題をまとめてみます。

その1【「孤独死」を発生させる社会的背景】

いま、高齢化にともなって独り暮らしが年々増加し、都市化にともなって近所付き合いが希薄になってきています。さらに、核家族が普遍化してきているので、私たちも最後はひとり暮らしが避けられない状況におかれていきます。

そこに、リストラや失業などの社会的な問題も関連して、「孤独死」が増えているのではないでしょうか。まず、これらの社会的背景を充分に理解することが必要と思われます。

その2【「孤独死」の実態把握】

「孤独死対策」には、まず、実態把握が重要です。「あんしん登録カード」などで、個人の状況を集約して、いざというときの連絡先を知る努力をしています。住民の実態を的確に掴まないと、ケースに応じた適切な作戦ができません。

そして次に、「孤独死」の事例をよく検証して、今後の対策に生かせるようにしていきます（事例研究）。私どもは、「孤独死」の現場にたち合った場合、「どういう状況だったのか」、「その人はどのような暮らしをしていたのか」と、近隣の方々、もしくは身内の方から丁寧にお話を伺い、日々の対策に役立てていけるよう心がけています。

最後には、なんといっても社会サービスを上手に活用していくことです。

その3【八つの対策】

「孤独死対策」では、①「早期発見・早期対応」、②六五歳以上の「安心登録カード」の呼びかけ、③ひとり暮らしへのきめ細かな対応、④通報のネットワーク化、⑤向こう三軒両隣といった地域へのよびかけ、⑥福祉よろず相談業務の充実、⑦関係団体との連携、⑧行政との協働と役割分担。以上が、具体的な実践のポイントです。

その4【いきいき人生への啓蒙、啓発】

啓蒙、啓発活動にもがんばっています。例えば、①地域福祉の住民参加の促進、②「いきいきサロン」の運営、③「とじこもり」をなくすような声かけ、④「あいさつ」のよびかけ、⑤仲間づくりの配慮、⑥ユーモア感覚の開発、⑦配偶者を亡くした方へのケア、⑧死への準備教育、⑨快食、快便、快眠の奨励、⑩運動、スポーツの促進、⑪日常生活習慣の改善、⑫その他。

以上のことを団地住民に働きかけ、自治会や団地社協の関係者が中心となって、啓発、啓蒙に努めています。

(5) 東京都・監察医の報告

■小島原将直先生との出会い

小島原先生は、東京都監察医務院監察医長です。いわば、「孤独死」の現場を見て、事件性があるか否か、死後どのくらい経っているのかと、死に至る状況などを知る立場にある、得がたい存在の方です。

小島原先生と始めてお合いしたのは、二〇〇七年一一月二四日、東京市ヶ谷・アルカディア私学会館での「第一三九回学際研究とシンポジウム」に招かれた時のことです。そこで、小島原先生から生々しいお話を伺いました。それは、平成一六年の「単身者・自宅内での死亡」の三つの貴重なデータに基づいたご報告でした。

■ 年齢階層別

まず、年齢階層別に、「孤独死」の男女比を見ました。男性の場合、六〇歳代、七〇歳代がヤマになっています。それに対して女性の場合は、七〇歳代から八〇歳代がヤマを成しています。しかもこの年に発見された「孤独死」の女性は九七一人。それに対して男性は二一〇一人と、男性が圧倒的に多いとのことです。

この傾向は、松戸市の場合と同じです。女性の場合、料理、ゴミ出しなどの日常的な身の回りのことを自分で出来ることが強みとなっています。その特技が「孤独死」を少なくしているのではないでしょうか。一般的には「受け身」と言われている女性ですが、その女性こそ、最後のときに「強さ」を発揮するということの現れのように思います。小島原先生はそれを〝男性ホルモン〟と〝女性ホルモン〟の違いであると話されていました。

■ 発見の状況

次に、発見の状況からみたデータも大変興味深いものでした。多い順番に「電話の応答なし」が二二%、「無断欠勤・予約不履行」が一二%、三番目は「異臭で不審」が九%もあるそうです。私は、特に「異臭で不審」に着目しました。

船橋市中央公民館講堂で（2007.10.17）

死体から異臭が漂ってきたら、「孤独死」から発見までに相当の日数が経っているということが想像できます。私たちは常に「早期発見」、「早期対応」を何より重要なことと呼びかけています。それは、長引けば長引くほど、遺体は悲惨な状況に様変わりしていくことを経験から知っているからです。

東京では、平成一六年の場合、九％が「異臭で不審」で発見されているのです。

■発見までの日数

「発見までの日数」のデータでは、死後一日目が七〇〇人弱、二日目は五〇〇人弱と続きますが、なんと一カ月が一二〇人以上、二カ月がほぼ一〇〇人、なかには四カ月もたっている例も示されました。そんなになるまで誰も気がつかなかったのは、「異臭で不審」の発見状況だったのでしょう。

「孤独死」の人たちのざっと三〇〇人が、一カ月以上経ってから発見されているというのです。これは、この年の「孤独死」全体の約一割にも相当するではありませんか。これは、あまりにもひどすぎる状況であると言わざるをえません。

◎◎◎　講演もろもろ話　◎◎◎

私は二〇〇五年から三年の間に、講演や事例報告に招かれて、神戸市、北九州市。名古屋市、東京二三区研修所といった大都市のほか、白井市（千葉県）、安城市（愛知県）、など三五の都市を訪れました。なかでも日本女子大学と淑徳大学、江戸川大学総合福祉専門学校では、授業の一環として「孤独死ゼロ作戦」というテーマで講義をしてきました。

そこで私は、会場によりみな雰囲気が違うことに気付いたのです。日本女子大学では若い学生の真剣な顔、専門学校の学生さんたちは耳は私の方に傾けて聞いているけれども顔は横か下を向いていました。民生委員の多い会場では、「人生」とか「命」の話に及んだとき、みなさん真剣な表情になって聞き入るし、自治会とか社協に話に伺うと六〇代、七〇代の人たちはじーっと私の顔をみつめて聞き入ってくださるという案配です。これらの経験から、ステージに立って話すことは芝居を演じていることと同じかもしれないと思った次第です。

私の場合、舞台中央の演台には立たないに限ると思っています。演台の横、あるいは演台の前に立って、会場にいらっしゃるみなさんに私の頭のてっぺんから靴の先まで、全身を見せながら、体全部で語りかけるのです。芝居と同じように。

そして、聴衆の方々の顔の表情や目を見て、話かけます。こっくりこっくり居眠りをして頭を下げている人はいないだろうか、私の話をよく聞いてくれているのだろうか、と会場の一人ひとりを見まわしながら話します。私がどんな内容の話をして

大津市で「中沢講演」(2006.11.19)

いる時に聴衆は真剣な表情で聞いてくれるのか、それとはなしにいつも反応を見ながら話しています。

聞き手が飽きてしまうことのないように話すにはコツがあるように思います。そのコツとは、難しいことはやさしく簡潔に、やさしいことは深く、深いことは面白く真面目に話すことだと思います。

自分が講演で話す内容については、事前にメモしたり、さらに話し言葉で綴ってみたり、簡潔な表現を工夫してみたりします。書くことがとてもいい勉強にもなります。ぶっつけ本番で話を始めてしまうと支離滅裂になってしまうのが落ちです。

講演は、たいてい一時間から一時間半です。そのなかに女性役員の朗読をおいたり、格言を紹介したりの〝演出〟もおりまぜます。来場者の目を奪い、心をこちらに向けてもらうのは容易ではありません。今日の聴取は何をポイントに聞きたがっているのか、瞬時に見極める感覚が肝心です。

話し上手になることは、繰り返し話して慣れていくことにつきるようです。それも場数を踏んで、一回一回会場から学んで生かしていくしかないように思います。

第二章
「孤独死対策」における関連図と課題

（1）「孤独死」をとりまく社会状況

■ 平均寿命と、孤独になる男性

日本人の平均寿命は、現在、女性が八五歳、男性が七九歳と言われ、男女で約六歳も違いがあるのです。たとえば、夫婦間で年の差が　四歳あると、旦那さんを亡くした奥さんは一〇年間、ひとり暮らしを余儀なくされることになります。

しかし、「孤独死」は男性のほうが多いのです。熟年離婚や家族間のもめごとなどで妻や子どもと別居する男性も増えています。しかも男性は、定年退職すると人間関係が途絶えてしまい、「孤独」な人生を歩んでいくことになります。

現役のときは昼間いなかった旦那さんが、定年になると、いつも家でゴロゴロしている。しかも、「新聞持って来い」、「お茶だ」、「お風呂だ」と言われたら、一緒に暮らす妻はたまったもんじゃないでしょう。

だから、定年になって離婚が多いのも、はっきり統計に出てくるのです。他にもさまざまな事情はあると思いますが、熟年離婚が多いということに、男性も女性もどこかうなづく部分があるのではないでしょうか。

■「孤独死」予備軍

一般的に、奥さんを亡くされた後、男性の立ち直りがよくない。「ショック！」が大きいのかもしれないけれど、とにかく立ち直りが遅い。特に、精神的な悩みというか、「孤立感」がどうしても拭いきれないようです。そういう意味で、男性は、最期になると弱いですね。元気なときは現役で働きづくめでしょう。給料を運んでいるうちは、大体の男性は家のなかで威張ったりもしていますが……。

しかも、隣近所に「あいさつ」をしていない。仲間がいない。親戚にも連絡もしていない。本当に「ない！ない！」づくしです。ご近所からも、「あそこのご主人はゴミ出し日も守っていない！」などと、言われてしまいます。

だから、男性の場合、「孤独死」というのが顕著に見えてくるのです。単身男性の家は、おおむね、ごみの山です。それは、ゴミを出していないからでしょう。

そして台所を見ますと、料理をしていない方がほとんどです。自分のことが自分でできないのです。その上、特に男性の場合は、お酒で気分を紛らせる傾向がありまして、ますます「孤立」してしまうのです。

厚生労働省孤立死防止の「推進会議」で事例報告する中沢氏　（2007.12.11 東京・砂防会館別館で）

同じ男性としてちょっと手厳しい書き方をしてしまいましたが、その点、女性の方は、伴侶をなくされても、自分のことは自分で、最低限自立してやっていく習慣があります。

■あいさつは、「孤独死ゼロ」への第一歩

「あいさつもしない」、「社会参加はしない」、「何事にも関心を持たない」、つまり「孤立」した生活をしているという点は、「孤独死」に共通しているともいえます。

それで、私どもは、逆に「あるあるづくし」でやっていこうと試みました。この単なる「あいさつ」が、非常に大事なことだということを再発見したのです。昔から、あいさつをしようと提唱されてきましたが、あいさつすることは、その人の「幸せ」をつくる第一歩であると理解できるようになりました。

あいさつからすべてが始まります。近隣との関係も仲間づくりもそうだと思います。

団体でも会社でも、きちんと、明るく元気にあいさつをしているところは発展性があるのです。あいさつもしていない職場は、停滞していくということがわかりました。

あいさつをすることは、人間社会において非常に大事なことだと、実に当たり前のことを「孤独死対策」を考えるなかで再発見しました。用があってもなくても、顔見知りでも知らない人同士でも、気持ちよくあいさつの声をかけあう、そこに意味があるのだと思うのです。

(2) 住民主導による「孤独死ゼロ作戦」

■ 行政ではなく住民が!

常盤平団地の「孤独死対策」の特徴は、「住民主導型」、「早期発見・早期対応」、「困ったときはお互いさま」ということです。前章に詳しく書きましたが、緊急時に連絡し合う「孤独死一一〇番」体制づくりや「あんしん登録カード」の作成を、住民、団地自治会及び団地社協の人々が中心となって地域福祉活動をすすめているのです。

行政主体となれば、とにかく予算に影響されてしまい、活動が不安定になりがちです。しかも、その対象が七五歳以上となってしまいます。しかし、私どもの活動は住民主導ですから、年齢制限を設けていません。「孤独死」は意外にも六五歳以下の

団地の自治会事務所

若年層に多いのです。

また、市の社会福祉協議会が主体ではなく、団地社協が中心となることで、住民主導のきめこまやかな対策が講じられるのです。今後は、新しく設けられた地域包括支援センターとの連携も重要視していくことになります。

■「孤独死ゼロ作戦」の関連図

私どもの取り組み関連図（第三章末図表2、3）をご参照ください。ここに書いてありますように「団地社協」、「民生委員」、「団地自治会」らが一体となって対応しています。それで初めて、住民主体の活動が可能になるのです。

たとえば、地域というと、町会・自治会は基本的な地縁団体です。そして、町会・自治会が民生委員を選んだり、団地社協の役員を選んだり、いろいろなことをやるわけです。

少なくとも、これらが三位一体とならなければ、「孤独死対策」に有効に取り組むことは困難だと思います。

■ 地域福祉の組織化

私は、これまでに全国約三二カ所に講演などで行きましたけれども、聴衆の皆さんは、地域福祉の組織化に関心があるようです。

地域福祉に関わっている人たちは、このことで頭を痛めているのです。民生委員がやろうと思っても、町会が「そっぽ向いていたら」もうできないというのです。

まず、自治会の会長と民生委員の会長、団地社協の会長、その他の役員らが一緒になっていくことが非常に重要なのです。私は、幸か不幸か、二二年間会長職をおおせつかっております。常盤平団地は、今から四七年前の昭和三五年に完成しました。

そしてその二年後に自治会が結成されました。私も結成当時から役員をやっておりますが、そのなかで二二年間、会長職を務めています。

「長すぎる」とか「ワンマン会長」と言われることもありますが、私どもは、自治会・民生委員・団地社協、この三つがしっかりスクラムを組んで、この問題に対応しているという自負があります。このまとまりが「地域力」となって、地域福祉の推進力となっているのです。

「地域福祉フォーラム」のあとに、千葉県堂本知事（当時）からパチリ！
（2005.12.17　松戸市民会館で）

■ 団地社協の意義

東京は典型ですが、団地社協（地区社協）がありません。もともと地区社協ができたのは、首都圏では、神奈川県が一番、千葉県が二番です。

千葉県が一〇数年前に地区社協をつくろうと、県が提唱してそれをつくると二〇万円を助成することで、市町村で地区社協がつくられました。現在でも、全国的には「地区社協」が存在しない都道府県のほうが多いようです。

(3) 地域のリーダーとは

■ リーダーにおける素地

「リーダーとして中沢さんは、どういうことを配慮しているのですか?」と、よく尋ねられます。私は、「目配り」、「気配り」、「思いやり」、この三つがとても大切と思っています。

常盤平団地は約五三五九世帯あるかなりの大所帯ですので、「目配り」、「気配り」をやってやり過ぎるということはありません。

しかし、最後は「思いやり」の心です。

さらに突っ込んでいきますと、相手に対して「感謝」する気持ちになるのです。「俺はやってやるのだ!」、そんなふうに上に立ってモノを見るようなリーダーは考えものです。

■役員と一般住民

私どもが「孤独死問題」を地域福祉の重要な課題として取り組んで、何が一番変わったのかといいますと、自治会と一般住民の間の見えない壁がなくなってきたことです。かつては、「自治会の役員をやっているのは、役職が好きだからでしょ」という声がありました。

地域住民全般を見ると、①非常に理解している、②まあまあ理解している、③全く無関心、と大体三つに分けられるのです。

③の無関心層をどうやって関心のある層にもっていくかということが大切なことです。関心のある人には、積極的に参加してもらう。そのことによって、②の中間層がどんどん前向きになっていく。そして、やがては③の無関心層も関心を示していく、そういう流れをつくることが大事です。

そうなりますと、地域から、「あの連中は好きでやっているのだろう」と見られることが徐々になくなっていきます。

これは、私ども地域を預かる者からすれば、ものすご

ＬＰガスＩＴ推進協議会にて
（2007.2.19 虎ノ門）

く大きな喜びです。

■無関心層の意識変化

私どもは、自治会報『ときわだいら』を毎月一回発行し、そこに「孤独死」の問題をどんどん載せています。いま、自分たちが取り組んでいる「孤独死問題」が、一般の新聞・テレビや雑誌で報道されているという記事を、会報にぞくぞくと書いていきます。

感心が薄かった住民も、会報を手に取って読み、「あいつら（役員）がやっているのは本物だ」との見方に変わってくるのです。住民が、意識を変えていくのです。

そういう意味で、マスコミが、報道とか特集番組として放映してくれることは、地域住民が理解を深める大きなきっかけとなるのです。

■リーダーの責務

リーダーは、大いに「汗をかく」、時には「恥をかく」。そして、大いに「原稿を書く」。

原稿を書くということは、たとえば会議の案内状を書くとか、あるいは会報に積極的に原稿を出すことです。そのもろもろを書くことによって、「皆さん、一緒にやろうよ！」と、いう意味をもつのです。ですから、書くことをおっくうがってはいけません。

大いに汗をかく、ときには恥をかいても原稿を書く、このことが重要だと私は思っています。

私の場合、以下の「リーダーの七つの心得」を心がけています。

①道を示す　②企画を立てる　③一緒にやる配慮　④人の悪口を言わない　⑤政党については公平に　⑥思いやりとやさしさをもって　⑦補って補ってもらう。

■ 地域の主役は女性です

当たり前のことですが、「女性は強い」ということを、私はあからさまに申し上げます。

つまり、女性は特に近隣関係（近所づきあい）に強いということです。昼の主役は、おおよそ家庭の主婦が担っています。ですから地域福祉や地区のなかで福祉活動をやるにも、特に、「孤独死問題」に取り組むには、女性の力・主婦の力をどうやって引き出していくか、どうやって結集させていくかがポイントです。

女性が自発的に動いているかどうかによって、その地域の活動が強いか弱いかということがわかると言っても過言ではないでしょう。

神戸市文化ホールで
（2007.11.7）

各地区活動のリーダーは、自分の担当地区の女性の皆さんを把握することです。女性・主婦が結集すると、予想外の力を発揮してくれます。

そういう意味で、地域福祉を推進させていくのは「女性」だということを、声を大にして申し上げたいのです。

(4) 国を動かす!

■ 厚生労働省の対策室

「孤独死」の問題は、現代社会の「ゆがみの象徴」といわれます。まさにそうです。それはわかっての上で、この問題を「地域コミュニティ」の再生として、どう発展させるかとなるわけです。

最近では、厚生労働省(厚労省)も、この問題に本腰で取り組むようにしているのです。二〇〇七年度の予算は一億七〇〇〇万円です。二〇〇七年度から厚労省のなかに、「高齢者等が安心して暮らせるコミュニティづくり推進会議」が設けられています。

「認知症」、「虐待問題」などに取り組むチームが担当室を設けており、そこで「孤独死」の対策も担当するそうです。

二〇〇七年八月二八日、第一回の推進会議が開かれました。タイトルは「第

一回　高齢者等が一人でも安心して暮らせるコミュニティづくり推進会議」です。ここでは、「コミュニティ」のことを中心に考えていくそうです。社会的な背景のなかで、この地域社会のコミュニティが大きく変わってきているのです。この推進会議の資料の一部を、巻末資料として掲載しましたのでご参照ください。

■コミュニティの重要性

厚労省の大臣官房審議官が、推進会議の冒頭で、「高齢者が地域から孤立し、その状況や意志が理解されず、結果として「孤独死」に至ることは、本人や地域にとって大変不幸なことである。推進会議では行政、住宅、消防、自治会、ボランティアなど、日ごろから高齢者の生活を支える幅広い分野の関係者が参加しているので、それぞれの立場からさまざまなご意見をいただきたい。国民一人ひとりが、自分の住むコミュニティに関心を持つように期待しています」と言っておられます。

団地社協が発足（1996.12.8）

コミュニティを豊かに発展させていく、そうでないと「孤独死問題」は、有効に対応できないということを厚労省なりに分析しているのでしょう。厚労省は、この推進会議を年四回開き、二〇〇七年度末までに一定の方向づけをするとのことです。

このように、厚労省は本格的に着手しています。消防とか警察とか、総務省、などの各省庁とも連携を図りながら進めることにしており、そういう意味では二〇〇八年度から予算が増額されてくる可能性も充分にあります。

国までがこのように動き始めていますのは、「孤独死」という、旧公団住宅「常盤平団地」で起きた問題が、この五年間にまたたく間に全国に広がっているからなのでしょう。

■「孤独死推計数」とその問題

今回、社会福祉法でも、地域福祉の推進ということが新たに位置づけられています。これからは地域福祉の新時代です。

「孤独死」の問題も、地域のなかで行政と地域が一緒になってどう取り組むかという、この「協働」の二文字、これが大切な意味をもつことになるのです。


さて、「孤独死」は、全国的にどのくらい起きているのでしょうか。

マスコミでは、年間約二万五〇〇〇人が発生していると報道されています。これは、ある大学教授の、ひとり暮らしの約六・七％の人が「孤独死」で亡くなっているのではないか、という見解に基づいて推計された数字です。

私は、かつて千葉県に問い合わせたところ、六五歳以上で、年間約七五〇名が「孤独死」で亡くなるとの推計値を聞いたことがあります。そのうえ、「若年孤独死」を加えると、年間一〇〇〇名をこえる人が「孤独死」していることになるでしょう。

高齢者のひとり暮らしは、一〇年後には二倍近くに増えると予想されます。「孤独死」というのは、ひとり暮らしが前提ですから、推して知るべしですね。ご夫婦でもどちらかが先に亡くなるわけで、まして結婚していない人、離婚する人もいます。そうなると「孤独死」の数も、いま、二万五〇〇〇人とか三万とか言われていますけれども、倍増してくると考えられます。

若年のひとり暮らしの人も、五〇歳、六〇歳になったときに、「孤独死」の運命が待っているかもしれません。

また、団地とか公営住宅などの集合住宅だけではなく、戸建ての住宅にも「孤独死」は進んでいるのです。ある大学教授は、「中沢さん、団地だから『孤独死』が発生してもまだいいですよ。一戸建ての家で『孤独死』で亡くなった場合、しかも何年間も

「孤独死」の相次ぐ取材に応じる中沢氏
（2006.9.18　まつど孤独死予防センターで）

放置されて発見できなかったら遺体の臭いが床にしみついてしまう。もう、あの臭いは取れないよ。床がだめになっちゃう。つまり、一軒の家がだめになる。そういう悲惨な状況になるのですよ」と言っていました。

「孤独死」を放っておくと、こういう問題になりかねないです。

「孤独死予備軍」もたくさんいることでしょう。地方も含めて全国的に内在しているので、マスコミも、これを大きなテーマとして情報発信しているのです。

これからこの課題がさらに問題視され、全国的に広がっていくに違いありません。私どもは、確かな対策を立てて、着々と実行していかなければならないのです。

第三章

「孤独死対策」の実践報告

（1）「孤独死」の現場から

なぜか、「孤独死」で亡くなる人は上を向いているのです。

病名は、警察は公表してくれませんが、少なくとも私が三回現場を見たときには、みんな上を向いて亡くなっていました。どういうことで上を向いているのか、私もわかっておりませんけれど、ただ言えることは、配偶者も子どももいなくてひとり暮らしだったということです。

■福祉とは？

いま、「福祉！福祉！」と言われていますが、「福祉」とはいったいどういうことなのでしょう。

私なりに考えたことは、「福」も「祉」も、語源は「幸せ」にあるのではないかということです。

おそらく、「福祉」に携わるということは人の幸せづくりに携わっていこう！　幸せをつくろう！　というお気持ちからなのではないでしょうか。それはとても大事な仕事です。ということで、「福祉」を「幸せ」という言葉と置き換えてみたらわかりやすいのではないかと思っているのです。

■介護保険制度から

介護保険制度ができてから、社会福祉の仕組みが大きく変わりました。困っている人を助ける、措置をする、だったのが、「措置から契約へ」、「措置から選択へ」という仕組みに大きく変わりました。そのような意味で、介護保険制度にかかわる人は、「権利」として主張できるということです。これは大前提になりますので、しっかり心得ていく必要があると思います。

■教育の現場で講演

日本女子大学から、授業の一環として話をしてくれという依頼がありました。また、淑徳大学でも二〇〇七年一二月二一日に講演をおこない、皆さん、熱心に聞いてくださいました。その他、福祉系の大学や短大から「孤独死」についての講演依頼が入っています。

また、立教大学の学生さんや早稲田大学の教授が、私どもの現場に取材に来られたこともあります。こうやって、教育分野でも、この「孤独死」問題は注目され始めているのです。

日本女子大学の講座の後に、学生さんから七通の感想が寄せられました。その中からA子さんの感想文を紹介します。

中沢講義を聴く学生たち
(2007.9.22 江戸川大学総合福祉専門学校で)

心に響き、人間の「生」について考えさせられる講演でした。

一人で誰にも気付かれることなく逝く「孤独死」という言葉は、恥ずかしながら、私は大学生になってから知りました。今まで、私は、死ぬときは必ず誰かが側にいてくれると思っていました。一人で寂しく亡くなり、白骨死体になってから発見されるなんて、残酷です。しかし、現在もこの地球のどこかで起こっているのです。

中沢さんは、「あいさつ」の大切さについておっしゃっていました。私は朝、通学時に住民の方々にあいさつをしています。たった一言なのに、不思議と嬉しくなることがよくあります。「あいさつ」から信頼、愛情、友情などが生まれます。「愛さつ」と書いてもいいくらいです。これからは、もっと積極的にあいさつをし、笑顔を増やしていきたいです。

『共に喜ぶのは二倍の喜び、共に苦しむのは半分の苦しみ』――中沢さんのこの言葉は一生忘れません。

いま、自分にどれだけの時間（人生）が残されているのかは誰にも分かりませんが、多くの人に支えられて生きていることに感謝して、自分らしく生きていきたいです。

(2) 厚生労働省での中沢発言

『第一回これからの地域福祉のあり方に関する研究会議事録』より

厚生労働省　社会・援護局　二〇〇七・一〇・三

この研究会の主旨は、社会・援護局長が次のように述べています。長くなりますが、全文ご紹介します。

第一回の『これからの地域福祉のあり方に関する研究会』を開催させていただきますが、最初でございますので、挨拶をさせていただきたいと思います。まずは、このような研究会を立ち上げましたところ、委員の皆様方にはご参加いただきまして大変ありがとうございます。ご多忙の方が多いと思いますが、何分、よろしくお願いいたします。

最初でございますので、このような研究会を開催させていただきましたいわば設置理由といったことについて、私の方から、一言、問題意識についてご説明させていただきたいと思います。

我が国の福祉については、一九九〇年以降高齢者福祉を中心に改革がおこなわれまして、市町村が中心になって、それまでの施設福祉が中心であったものを在宅福祉も重視していくということで、例えば老人福祉については九〇年代初頭から全国の市町村で老人福祉計画をつくり数値目標も掲げて計画的に基盤整備するという形で進められてきました。

こういう流れは一九九七年に介護保険法が制定され二〇〇〇年から実施されたことによりまして、いわば高齢者介護のサービス量は一九九〇年ころに比べますと飛躍的に増加したと言ってよろしいかと思います。

この分野では革命的な、地殻変動的な動きがあったと認識しております。

それに比べると立ち遅れているといわれておりました障害者福祉の分野につきましても、二〇〇〇年に入りましてからさまざまな改革がおこなわれ、特に二〇〇五年からは障害者自立支援法が制定されまして、身体障害者福祉、知的障害者福祉、それから精神障害者福祉の三障害の福祉を統一的に進めていかなければならないということで、三障害をカバーするような制度が成立しております。

児童福祉は終戦直後からおこなわれており、改めて少子化対策のなかでさまざまな児童福祉の取り組みがおこなわれているという状況にあると思います。

そういうなかで政策の方向としては、たとえ障害を持つようになっても、要介護になっても、できる限り地域で普通の暮らしができるような基盤を整備していくといったことが、介護保険制度にしろ、障害者自立支援法にしろ、また児童福祉にしろ、基本的な方向になっております。

いわば地域に密着したサービスということが強調されますし、地域移行ですとか、障害者の地域での自立支援、生活の確保、精神障害者の入院から地域移行、こういったことが強調されております。

北九州市での中沢講演（2007.3.6）

二〇〇六年には大きな医療制度改革が行われて、実は現場では来年度あたりから本格的に実施されようとしておりますけれども、そういったなかでも我が国の医療の問題とされている入院期間の短縮ということが強く叫ばれておりますし、その受け皿としての在宅医療の推進ということが基本的な方向で、福祉サイドから見ますと、地域へ地域へという流れにあると考えております。

しかしながら、目を別な方向に転じますと、分野別で発達してきた制度のなかで、本当に多様な困難を抱えている、いろんな問題のあるニーズにうまく対応できているかということもございますし、ただいま申し上げましたように高齢者制度、障害者制度、児童福祉とアプローチしていますが、実は共通の問題に対して、例えば虐待の問題についてもそれぞれ児童虐待だ、ドメスティックバイオレンスだ、高齢者虐待だとアプローチしていて、一つの事象について二元的三元的に対応するという弊害も、あえて言えばあるのではないでしょうか。

またこのように、介護保険制度や障害者自立支援法、児童福祉といったいわば公的な、フォーマルなサービスがおこなわれてきておりますけれども、困難な方が直面しているすべてのニーズをそういった公的サービスで支えられるものでもないと思いますし、支えるべきでない分野もあるのではないか。

いわゆるインフォーマルサービスの重要性があるのではないかと考えております。

また、孤立死や虐待、高齢者を対象とした詐欺的商法、災害時の弱者の問題など、地域においては切実なあるいは深刻な課題、あるいは野宿している人とか、さまざまな問題も抱えておるのではないかと思いまして、いわばそういう諸々の課題について、これからの地域福祉のあり方についてご検討いただいたらどうかということで、地域福祉の現状と課題、既存施策の評価、今後の地域福祉の目指すべき方向についてご議論をいただきたいと思います。

もちろん、背景には、私は担当が福祉でございますので、ただいまは主として福祉サイドからの問題意識を申し上げましたけれども、もっと幅広い地域社会の変容の問題ですとか、住民の方々の意識変化の問題、特に長い間不況が続きましたことにより、あるいはさまざまな構造改革があり、近年の社会経済状況に由来する新しい問題もあるのではないかと思います。

また団塊の世代も退職年齢に達しますし、そういったなかで改めて住民参加とか自己実現という視点、福祉を通じたコミュニティづくり、まちづくり、あるいは新しい公と申しますか連帯の創造、そういったことも視野を広げればあるのではないかと思います。

私、さまざま申し上げましたけれども、こういった問題意識はそもそも正しいのかどうかといった是非をもちろん含めまして、この研究会ではご自由に幅広くご議論いただき、先ほど申し上げましたように、地域福祉の現状と課題、既存施策の評価、それから今後の地域福祉の目指すべき方向についてご提言いただければと思います。

私どもとしては、地域福祉については行政的に言いましても一九七〇年代ぐらいからその重要性が強調されていると思いますし、さまざまな法制度の改革でも地域福祉地域福祉ということが盛り込まれてきておりますが、今、申し上げました新しい状況に対応するため地域福祉のいわば再構築に向けて取り組んでまいりたいと思いますので、そういった意味で、この研究会で先生方のご指導をお願いしたいと思います。

このように、私どもが日ごろから「孤独死対策」で考えている地域福祉の概念と同じことが厚労省でも述べられており、公式の場でも議論されるようになったのです。ある意味、これまでの私どもの活動が評価されたと感じています。

『第三回これからの地域福祉のあり方に関する研究会議事録』より
厚生労働省　社会・援護局　二〇〇七・一一・九

二〇〇七年一一月九日、厚労省社会・援護局「第三回これからの地域福祉のあり方に関する研究会」に呼ばれ、常盤平団地の活動について意見を述べる機会を得ました。

本研究会で、私は次のように述べました。議事録の一部を、そのまま掲載いたしますのでお目通しください。

「地域の要支援者への支援のあり方について」

【 常盤平団地自治会 】

昭和三五年大規模公団住宅一号として建設。二年後に自治会が組織され、中沢氏は以来四五年間役員、そのうち二二年間会長。当時二万人であった人口が現在は八五〇〇人、外国人四五〇人とあわせて約九〇〇〇人、五三五九世帯、高齢化率三〇%で年間一五〇人ずつ増加。「福祉の心で町づくりをしよう」を合言葉にハードの町づくりではなく人づくりを志向。社協の地域福祉活動計画は第三次を策定中。

○自治会と地区社協が一体となることが重要。
○自治会、地区社会福祉協議会、民生委員が三本柱となって協力し、孤独死防止に取り組んでいる。一体とならなければできない。
○自治会役員、民生委員三役、地区社協理事は兼任して、課題を共有することが有効。
○地域をまとめることが大事。基本は自治会。
○自治会は、代議員である役員会を開き、それを成功させることが大事。
○住民と一緒に活動するためには、会報の発行が欠かせない。常盤平団地自治会では、毎月発行し、情報を発信している。
○リーダーは、道を示す、企画を立てる、それをみんなでやることが大事。

○地域活動というのは楽しく、やりがいがないと発展しない。
○役員には住民や現場から学ぶ姿勢が必要。
○孤独死を「どう生きるか」という問題ととらえ、地域の大きな力にしている。
○これからは新しい時代に合わせた地域のコミュニティをどう再生するが大きな命題となる。

厚生労働省「これからの地域福祉のあり方に関する研究会」で中沢氏による常盤平団地の事例報告（2007.11.9　東京・商工会館で）

〈委員からの質問・意見〉
○常盤平では役員が兼務ということだが、団地社協の構成はどうなっているか。
　三者協働の効果はどうか。
○強い組織と弱い組織のあり方の違い。「ヒラの住民」であり続ける時、リーダーの問題はあるか。「ヒラの住民」であり続けるのはどうすれば可能なのか。
○常盤平団地自治会の拠点と毎日の相談について。誰がどう受け、どう活動につなげているのか。課題の共有はどうしているのか。
○地域福祉を取り組むことによって、相互に力を高めているようだが、その秘訣、メカニズムはどうなっているのか。

〈常盤平の回答〉
○自治会の会長と団地社協の事務局長、団地社協会長と地区の民生委員の会長、自治会の副会長の兼務など兼務し合っている。他の役員も自治会の役員と団地社協の理事を兼務。地区の民生委員・児童委員は大体三役クラスが全て理事や自治会の役員。兼務によって、共通理解ができる。

○孤独死の予防センターと団地社協のオフィスを一緒にし、従来より四倍の広さにし、電話相談、対面相談ができるようになった。そこに気軽に人が集まってこられることが大きい。

○拠点を整備することによって課題をみんなで共有して事業活動を発展させていく。行政などとの連携上も連絡がとりやすい良さがある。

○個人を大事にし、役員のための団体にしないことが大事。

○団地社協の評議員として地域のボランティア、老人クラブ、ＰＴＡ、学校など地域を構成するあらゆる団体が入り年次計画をつくっている。

○組織的にやっていると個人のボランティアが育たない面もある。

議事録

○事務局

松戸市常盤平団地自治会の中沢卓実さんにおいでいただきました。松戸の常盤平団地で五年前だったでしょうか、白骨死体が見つかって孤独死の問題が非常に深刻になった。それを契機に、孤独死ゼロ作戦を展開した中沢さんに今日はおいでいただいております。

○大橋座長

中沢さん、よろしくお願いいたします。中沢さんも思いがいっぱいでしょうけれども、ひとつよろしくお願いします。

○中沢氏

中沢でございます。今日は中村局長と大橋座長を前にお話しさせていただけるということで本当に光栄に存じております。そして地域福祉が中心でございますので、今日は傍聴者の皆さんがその主役なんだろう、そう思っております。皆さんと一緒に考えてまいりたいと思います。

私どもの常盤平団地というのは、昭和三五年の春に大きな公団住宅の第一号としてつくられました。昭和三〇年当時、松戸市は六万ちょっとの人口でございましたけれども、一〇万都市になるのが夢でした。団地ができて松戸市も大きく都市化になっていったわけですけれども、団地が二年間にわたってでき上がりまして、二年後に常盤平団地自治会をつくりました。

私も結成総会に参画しておりました。そのころからずっと団地自治会の役員として参画しております。そういうことで四五年間の役員歴がございます。その中で二二年間、連続して会長職を仰せつかっているということでございます。そ従って私は今、松戸市の社会福祉協議会の理事もやっておりまして、行政との関わりもかなりありました。ご存じのように地域福祉計画のメンバーにも入っておりましたし、私どもの社協の地域福祉活動計画、今は三次の活動計画をつくっておりますけれども、一回目二回目三回目の策定部会長として取りまとめ役を果たしておりました。そういうささやかな経験ではありますけれども、私どもは特に孤独死の問題等をやっておりまして、資料の中に事例がいくつかございます。私が今日お話し申し上げるのは、資料三の研究会の報告というのがありますが、時間がありませんので事前に担当者と打ち合わせをさせていただきまして、事業のあれこれよりもどうしてこういう事業が展開できたのかという話をしてくれということでございましたので、かいつまんで項目別にご報告申し上げます。

まず、地域福祉が最近、強調されております。これからの新しい時代というのは地域福祉の新時代を迎えるのだろうと思います。従来、社会福祉ということでくくっておりましたけれども、これからは地域が主体にならなければいけない。これは私の持論でもありましたし、時の流れはそういう方向に来ているのだろうと思います。

そうすると、地域を預かる者として地域をまとめていかなければいけないという課題が出てまいります。地域力を深める、あるいは福祉力を地域で高める、これが決定的な要素になってまいりますから、そういう意味では、地区とか地域を構成しているのは何といっても基本は自治会、町会です。防災であろうと、防犯であろうと、ゴミ出しの問題であろうと、行政と地域が協働し合うということになってまいりますから、基本的な組織は町会、自治会だと私は思っております。

それをまとめるには役員会をきちんと開く。あるいは代議員会。棟ごとに一名ずつ代議員がおりますけれども、代議員会をきちんと開く。会社であろうと団体であろうと、どこでも役員会を成功させることが活動を成功させ、そして地域を変えていくことになる。原点はそこだと思っております。そういう意味で私どものところでは、役員会をどう成功させるかということにかなり腐心しております。

それと、私どものところでは一二年ぐらい前に団地地区の社会福祉協議会、いわゆる地区社協をつくりました。市内でトップをきってつくった形ですけれども、この協議会と自治会が一体になってやっていくことは非常に重要だと思っております。

そして私どもの自治会においては、皆さんのところに資料を提供しておりますけれども「ときわだいら」という会報をつくっております。これは自治会結成して以来つくっておりますから五四一号、タブロイド版で全戸配布しておりまして七〇〇部つくっております。関係者のところにもお配りしておりますけれども、松戸の市役所にも三〇〇ぐらい行っております。課長さん以上には全部見ていただいております。会報を発行するということは、地域ぐるみで事業を展開することに欠かせないものだと思っております。そういう意味で、自治会結成以来、毎月一〇日にこれを発行しております。こうすることによって本当に住民と一緒になってやる、また理解を共有していく、そういう一つの手段にしております。

それから、団地の自治会と、団地社協、それから民生委員、これは地域を構成する三本柱だと私は思っております。ここの三つがしっかりまとまっていないと有効な孤独死の対策もとれません。ここがしっかりしているといろいろなことが展開できる。私どものところでは、自治会の役員と民生委員の主な三役、それから団地社協の理事が兼任で全部やっております。従って、それぞれ理事会あるいは役員会といろいろな会議がありますけれども、大体皆さん兼任ですから、その課題については共有する形をとっております。地域の三本柱の団体がまとまっていくにはこれを無視してはいけないと僕は思っていますから、課題を共有しあって歩むという意味でこれは重要だと思っております。

地域を構成する主な団体をしっかりまとめることが、地域の団体サークルあるいはＰＴＡとかいろんな団体がありますけれども、それをまとめていく中心になっていく。そういう意味で、地域のことを考えるときに、あるいは地域福祉を考えるときに、私どもの合言葉というのがありまして、一二年前に地区社協をつくったときに「みんなで福祉の心でまちづくり」をやろうよというのを合言葉にしております。まちづくりは、かつてはハードのことだったんですね。真の意味でのまちづくりというのは人づくりなんです。この人づくりがまちづくりになっていく。私どもがいろいろ事業展開をする中で、やはり地域のコミュニティをどう再生するかということを抜きにしては、地域福祉の発展はありえないと思います。

そういう意味で、地域住民の自覚を高め意識改革を成し遂げていく。この役割が自治会や団地社協や地域のリーダーに課せられている重要なところだと思っております。私は地域の幸せづくりは地域住民とともに考えてともに歩む、これを原則にしております。

そして、地域をまとめていくには地域のリーダーの役割が非常に重要でございます。リーダーの役割を私の経験の中でかいつまんでまとめておりますけれども、リーダーたるものは、平たく言うと大いに汗をかくこと、ときには恥をかいてもよろしい。そして大いに原稿を書くことだと思います。原稿を書くということは皆さんと地域と一緒になってやるということです。

往々にして今、町会、自治会というのは形骸化して名誉職とか言われておりますけれども、地域を支えている町会、自治会がしっかりしていないと周りの関係団体もしっかりしないという関係になっております。

原稿を書くというのは、何も新聞の原稿だけではないんです。会議を開く、何を議題にするか、私どものところは毎回九本から一〇本ぐらい報告と議題を設定しております。この設定の仕方が大事なのです。いろいろな課題が多い中で何を具体的にやるかという企画書をつくる。それから役員に対して招集状の原稿を書く。そういったことが大事なのです。そういう意味で、大いにリーダーたるものは原稿を書く、このことが非常に重要だと私は思っております。

それから地域にはさまざまな人がおりますから、地域全体を目配りする、気配りする、それから思いやりの心で接するということです。目配り、気配り、思いやり、この三つの要素をやり過ぎることはありません。これを粗末にすると運動が発展しない。

それから、リーダーの役割七つの心得というのを私なりにまとめてありますけれども、複雑な世の中、あるいは高齢化一つとってみても急速に進展する、少子化も進むという中で、我々がやるべき道を示すことが重要なんですね。小さなことも大きなこともわかっていなければいけません。道を示すこと。それから企画を立てること。企画を立てる能力を磨くと

日本住宅会議に「孤独死ゼロ作戦」について報告する中沢氏
（2006.12.6 大正大学で）

言ってもいいと思いますけれども、企画を立ててそれをみんなでやる。そういう配慮をすることが大事です。特にこの三つが非常に大事だと僕は思っています。

それから自分が一生懸命やるとやらない人が目立つことがあって、どうしても愚痴が出てくる。人の悪口を言いがちなんです。リーダーたるものが人の悪口を言ってしまうと、百害あって一利なし。これは厳に慎まなければいけないことだと思っています。それから各政党との問題、女性に対して優しく思いやりを持ってやる。六番目に書いてありますけれども、昼間の主役は私は家庭の主婦だと思っています。子育て、教育、買い物を通して昼間の地域の主役は家庭の主婦なんです。家庭の主婦の協力がなかったら発展しません。

それから「補って、補ってもらう」という関係を理解しておく必要がある。会長だって何でも知っているかというとそうではありません。せいぜいやったって六〇%ぐらいです。あとの四〇%は他の人たちから補ってもらう。また、他の役員の方を私どもが補っていく。みんな特技、得意な分野もありますから、この補い合うということはとても大事だと思っております。

一番最後には、現場から学ぶということ。現場から学ぶというのは大事なことなんです。ここに三つに分けて書いてありますけれども、住民のために福祉をやるということは何といっても住民実態から学ぶということが基本だと思います。そういう意味で、経験から学ぶ、あるいは現場から学ぶ、置かれている実態から学ぶ、そういう学ぶということが大事なことなんです。これは雲の上の話ではありませんからね、住民の中のことですから。

それから、住民と一緒に話をするときは難しいことを易しく説明するようにしています。偉い人は難しいことを難しく言いますけれども、難しいことを易しく、易しいことを深く、深いことをおもしろくやる。大体こういう地域活動というのは楽しく、やりがいがないと発展しません。おもしろみがあるとみんなが一緒になってやる。そして大事なことは、人の喜びをもって我が喜びとする。この精神を身につけていくと、みんなが一生懸命やってくれます。人を泣かせて自分だけ潤うというのは良くないんですね。

そういうことで特に孤独死のことで申し上げますと、私どもが孤独死で一番学んだ基本は、人間どう死ぬか。どう死ぬかということは、どう生きるかという課題だということを学びました。だから生きるための「いきいき人生」というのをゼロ作戦の四番目に書いてありますけれども、どう生きるかという課題で私どもがこの問題をとらえて、地域の大きな力にしております。

繰り返しになりますけれども、これからは新しい時代に合わせた地域のコミュニティをどう再生するか、このことが大きな命題だと思っております。これからも傍聴者の皆さんと一緒にこの問題を考えてまいりたいと思っております。ありがとうございました。

○大橋座長

どうもありがとうございました。都市化の典型である中層住宅団地においての住民活動はどうあったらいいかというお話をいただきましたが、いただいた資料の確認も含めてですが、常盤平団地がやっている孤独死ゼロ作戦（図表1）の一つの考え方でしょうが、孤独死しないために自治会役員、近隣、民生委員・児童委員、家庭推進員、棟の連絡員、市政協力委員、こういう人たちがいて自治会と社協と両方の組織でつながっているという図（図表2）。それから、社協が「あんしん登録カード」をつくっている（図表3）。プライバシー保護が難しい中で、こういうのを出しながら確認していくということでしょうか。そして、一つの事例として、午前中に亡くなられた方を午後に発見する（図表6）。結果的にこういうネットワークで実際に対応していますよということをあげていただきました。ありがとうございました。

それでは質問に入ります。

○佐藤委員

中沢さんに質問ですけれども、拠点をお持ちになられているということと、例えば相談を毎日やられていると資料の中では書かれているのですが、毎日相談をやるということになりますと、誰がその相談を受けていらっしゃるのか。その相談から出てくるニーズなりいろんなことを実際に活動につなげていく場を、どういうふうに確保していらっしゃるのか。要するに皆さんが課題を共有していく場をどういうふうにつくられているのか、そこでどういう検討をされているのかということを少し簡単にご説明いただければと思います。以上です。

○金井委員

大変興味深いお話で勉強させていただきました。

一般に自治会、町内会というのはだんだん組織率も下がってきて体力がなくなってきていると言われておりますが、しかしその自治会、町内会に頼らないと地域福祉は難しいのではないかという話もあります。力がなくなってくるところにさらに頼るというのはますます地域が疲れそうだという話がずっと気になっていたのですが、いろいろお話を伺ってくると、ＰＴＡとか自治会と地域福祉が結びつくことによって、お互いに弱まっていくのではなくて相互にエネルギーを回転させることで強まっていくような印象を受けたのです。そこら辺の、既存のＰＴＡとか自治会あるいは町内会が弱まらないで地域福祉の活動をする中で強まっていく秘訣と言いますかメカニズムみたいなものがもしあれば、ぜひ教えていただければと思います。よろしくお願いします。

○中沢氏

一番目は兼務の問題ですね。例えば私は、自治会の会長であるけれども団地社協の事務局長でもあります。それから私どもの団地社協の会長は、地区の民生委員の会長であり自治会の副会長。副会長も四人おりますからね。そういう形でお互いに兼務し合っている。大体役員の方も、自治会の役員でありながら団地社協の理事も兼ねてやっている。民生委員もそうです。地区の民生委員は大体三役クラスが全部理事とか自治会の役員など何らかの形に入っております。

兼務することによってどういう効果があるのか。団地社協は福祉が中心の活動ですけれども、自治会は運動会、盆踊り、もちつき大会という三大行事があるんですね。そういったものにもお互いに参加し合っている。どういう形でこれが運ばれるのかということも最初から皆さんで共有しているんです。だから足並みそろえて共通の理解で物事を運ぶことができる。共通の理解を高めるということは成果も共有していくわけです。そして問題が発生すれば、それをどうやって解決するか、これは一つの団体で考えるより三つの団体がみんな考えていった方がいいんです。

民生委員は民生委員独自の守秘義務もありますし、上から与えられた課題もありますから、そういったことについても民生委員任せにしないで役員もみんなで理解し合っていく。最初からそれをやっていますから当たり前のようになってきております。そのかわり忙しさは出てきます。この忙しさというのは、皆さんがお手伝いしてくれるということでまた皆さんもやりがいを高めていく。そういう意味で兼務はだめだという声は全くありません。

それから拠点は、地域で事業を展開する場合に拠点なしには発展しません。個人の限界があるわけです。個人はあくまで限界がありますから。例えば私どもには自治会事務所というのがあります。これは独自に当初からつくっておりますから、ここには職員が大体三名プラス四名おります。常時三名おりますから、そこで自治会の問題を事務的にも処理していくことになります。

そしてその隣に団地社協という小さな事務所があったんです。もう五～六人入るといっぱいになるようなところでした。それを、孤独死に取り組む中で、大きな会議室がありまして、それを思い切って二つに割って孤独死の予防センターと団地社協のオフィスを一緒にしました。従来より四倍ぐらい大きくなったんです。そうすることによって何ができるようになったかというと、まず電話相談ができる、対面相談も別の部屋でやれる、そしてそこに住民が出入りする。団地社協では、例えばお年寄りの七〇歳以上の「ふれあい会食会」これも一五年ぐらいやっていますからね。それから「いきいき大学」という講座を毎月やっております。それからいきいきサロンをやっているし、敬老の集い、ホームヘルプ事業もやっていますから、そういう事業をやるとかなり事務量が多くなりますから、それも皆団地社協の事務局と予防センターの事務局で全部こなしております。

何といってもそこに気軽に人が集まってこられる。そういう非常に大きな役割を果たしますから、拠点があるなしでは、事業活動の発展からみると個人の場合は限界があります。拠点を確保することによって地域コミュニティ再生を図っていく、あるいはまちづくりの拠点にもなってくる。そういう役割を果たしますから、拠点を抜きにした考えは私どもはとっておりませんし、そういうことによって課題をみんなで共有して事業活動を発展させていく。

そして地域包括支援センターではいろいろ具体的な事業がありますけれども、その事業とも連携していく。あるいは自治会では防災とか防犯とかいろいろなことがありますけれども、それも行政と私どもが共有していく。拠点があれば、そこに連絡し合っていけば簡単に済みますからね。そういう良さがあります。

それから、組織が中心か個人が中心かということになってくると思いますが、組織というのは、組織も大事にするけれども個人を大事にするんです。個人を大事にしない組織なんて僕はあり得ないと思っています。その団体が役員のための団体になっているとそういう傾向が出てまいります。

ワンマン会長がいると、会長のための組織になってしまう。そういうことは厳に慎まなければいけないと思っております。そういう意味で、組織と個人をあえて分断して考えるというのは、僕はあまりよくないと思っています。

拠点があり、行政なりいろんなところと一緒になって幅広くやっていくことが大事ですから、そういう意味では個人を非常に大事にする。私どものところでも老人クラブとかさまざまな団体、サークルがありますけれども、そういう組織は全部大事にする。それから評議員として参画してもらっております。地域のボランティアとか、老人クラブとか、PTAとか、学校とか、そういった地域を構成するあらゆる団体の皆さんにも入っていただいて、皆さんでこういうことをやるんだという年次計画をつくっております。

何といっても、社会福祉協議会あるいは自治会も住民皆から会費をいただいていますから、私どもの成果は住民に返していかなければいけません。だから、あえて個人とか組織というものはあまり意識しないで、それは個人のためにやっているのですから。ある意味では、私どものところは組織的にきちんとやっていますから個人のボランティアが育たない面もあります。そういう要素があると思いますけれども、とにかく個人個人のために皆やっているわけですから、そういう視点に立っていますから、あえて個人対組織という形の分け方はしておりません。

○大橋座長

中沢さん、常盤平団地は五三五九世帯、人口がどのくらいでしたっけ。

○中沢氏

団地をつくった当時は高齢者が一人もいなかったんです。みんな二〇代後半から三〇代でしたから、年寄りがいなかった、ゼロだった。高齢化率がゼロ。それで、かつての最盛期は一万五〇〇〇人から二万人近くいたのだろう。三五年入居ですから大体入居して子供をつくったということ。東京の住宅難解消の意味でつくった面がありますから、そうすると最終的には五〇年代の初めごろになりますと、例えば団地の第一小学校の児童数はゼロからスタートして一番多くなったのが一七〇〇人。

それが今では少子化の中で三五〇名に減っております。完全にひし形になっている。それから今度は第二小学校をつくりまして、それも大体三〇〇人からスタートしてどんどん増えて、やはり五〇年代に入ると一八〇〇まで児童数が増えたんです。今それが、隣にマンションができた関係もありますけれども、児童数が六〇〇に増えたといって学校の先生は喜んでいるんです。五八〇とか五九〇とかになっていますから。「中沢さん、今年は六〇〇名に増えた」と言って喜んでいました。そういう状況で、小学校でも児童数がひし形になってきています。

人口は、市役所は基本台帳でやっていますから、外国人籍を除くという形でやっているんです。これによると常盤平団地の人口は大体八五〇〇。それで外国人籍の人が世帯数でいうと四五〇いらっしゃいますから、全体で団地の人口は九〇〇〇人ちょっと超えているのが現状となっております。

○大橋座長

それで高齢化率がどのくらいですか。六五歳以上の高齢者の率。

○中沢氏
　現在三〇％です。つまり、当初の入居当時はゼロから。今は三〇％に至っております。大体六五歳以上に仲間入りするのが年間で一五〇名おりますから、どんどん高齢化率がアップしています。
○大橋座長
　それでここに書いてございますように、団地の自治会だよりが出ていると同時に、地区社協会報が年三回出ているということですね。団地の社協の理事会を毎月第二金曜日午後二時からやって、その都度事務局ニュースを出している。大変なことですね。相談事業で、先ほど話がありました電話相談を毎日、対面相談もしている。これは拠点があるからできることだという話をしてくださいました。（以下省略）

（この議事録の内容は第一章と重複しますが、資料として全文を掲載いたしました）

資料①

地域をまとめるポイント

1. 団地自治会の役員会を月一回定期開催する

＊　役員会の成功が事業活動の成功となり、地域コミュニティー再生の原動力となる。

＊　町会・自治会は、地区や地域を構成している基礎組織である。例えば防災防犯、ゴミ処理など問題処理に当たる地縁組織である。しかも民生委員を推薦する立場にある。それだけでなく、行政と協働しあうパートナーである。

＊「地域空間を共有する人や組織に関する問題を処理する地縁組織である」。
（中田実　名古屋大学名誉教授）

＊　私は「まちづくりの基礎組織」であると考えている。

＊　代議員（各棟から１名の代議員、年３回の代議員会開催）。

＊　棟連絡員（会費集め、回覧等）。

＊　議案書を毎年度つくる。

2．団地地区社会福祉協議会

＊　理事会を月１回定期開催。

＊　評議員、各団体の構成員。

3．自治会の会報「ときわだいら」を定期発行

１０月号（５４１号）07.10,10 現在
タブロイド版４ページ・８ページ（毎月全戸配布）

＊　団地社協は会報「福祉ネットワーク」を（年３回発行）

＊　会報は地域ぐるみで行うのに不可欠。

＊　会報の出来栄えにより、その団体の力量がわかる。

＊　団地社協は毎月「事務局ニュース」を発行。

4．自治会役員と団地社協理事の兼任

＊　課題を共有し、課題の推進となり、地域ぐるみで取り組む推進力となる。

＊　毎月第３金曜日、午後２時理事会、午後７時 30 分から役員会を定期開催。

＊　両会議とも、報告と議題は７～９項目、実行課題を優先する。

2. 女性の力を重視する

（昼の主役は女性なり）・（男性より女性が強い）

3. 地域住民の「3つの法則」

①関心の高い住民

②中間的な住民

③関心のない住民

4.体験から学んだ心得

①人のよろこびをわがよろこびとする。

それに「やりがい」「生きがい」をもつこと。

人々が与えてくれたよろこび、だと思う。

②「ともに喜ぶ二倍の喜び、ともに苦しむのは半分の苦しみ」を日々体験している。

住民に訴える心得

むずかしいことをやさしく　やさしいことを深く

深いことを面白く　ともに歩むこと

井上ひさしの心得

むずかしいことを　やさしく

やさしいことを　ふかく

ふかいなことを　ゆかいに

ゆかいなことを　まじめに　書くこと

資料②

リーダーの役割

1. リーダーが行うこと

①大いに汗をかき

②時には恥をかき

③大いに原稿をかく

　実行企画の提案書の原稿

　役員会、理事会の会議議題の設定

　会報等の原稿

2. トップに欠かせない3つの配慮

①目配り
②気配り
③思いやり
（以上、やりすぎることはない）

3. リーダーの役割7つの心得

①道を示すこと

②企画を立てること（その能力を磨くこと）

③一緒にやる配慮

④人の悪口を言わない

⑤各政党とは公平に

⑥やさしく、思いやり（女性役員に対してはこのことが肝心）

⑦補って、補ってもらう

現場から学んで生かす（基本姿勢）

1. ①現場から学ぶ
②実態から学ぶ
③経験から学ぶ
（以上、アイディアーを生みだし実行企画を生み出す源である）

☆毎月第2金曜日、団地社協理事会（午後2時～）を定期開催
そのつど「事務局ニュース」を発行、3月理事会で81号
☆毎月第2金曜日、団地自治会運営委員会（午後7時30分～）
議事内容、会報に掲載

4 学んだこと（教訓）

①団地地区社協、団地自治会と民生委員が一体となって行動することが地域力を高める要
②活動拠点の確保が重要な役割を理解
③宣伝活動を重視すること
④行政及び関係団体と地域の協働を実践
⑤孤独死の問題を地域ぐるみ福祉の課題として捉えることの重要性を認識
⑥人間の「生と死」について改めて考える契機に
⑦孤独死の予防対策に万全を期することの重要性を認識「孤独死ゼロ作戦」4つの課題を提示
⑧孤独死の課題は全国的なテーマであるという理解を深めたこと

リーダーの役割（7つの心得）

5 今後の対応

①孤独死ゼロ作戦の推進
②住民の詳しい実態把握
③さらに行政への働きかけ
④あんしん登録カードの活用と呼びかけ
⑤孤独死対策の経験交流
⑥取材活動への積極的協力
⑦「あいさつ」声かけの訴え

6 その他住民対象の事業

①「常盤平団地敬老の集い」の開催（過去34回開催）年1回
昨年度敬老対象者（70歳以上）1,460名
②「ホームヘルプ事業」（毎日）
③一人くらし高齢者の「ふれあい会食会」の開催（年10回）
④「ふれあいサロン」（毎月）
⑤「いきいき大学」の定期開催（年10回）現在第6期
⑥「ふれあい福祉フェア」の開催（年1回）本年は第10回
⑦相談事業（電話相談（毎日）・対面相談（毎水曜日午前中）

資料③

孤独死の課題に挑む

―その経験と教訓―

常盤平団地自治会　会長　中沢　卓実

1　孤独死に直面して

①3年間発見されなかった白骨死体

②コタツに入ってうつ伏せ4か月

2　団地地区社協・団地自治会の取り組み

①孤独死110番システム

②シンポジウムの開催（毎年1回）

③新聞販売店（朝夕配達、月1回集金）、カギ専門店と覚書

④行政（国・県・市）へ働きかけ

⑤松戸市内孤独死（90名・50歳以上）の実態調査、公表

孤独死90人のデータが示す3つの特徴

①若年孤独死が30%

②旧市街地に多い

③女性より男性が多い

（東京都内1,451人、千葉県内763人、65歳以上

⑥あんしん登録カードの呼びかけ

⑦松戸全域を視野に「まつど孤独死予防センター」を団地社協事務局に併設

⑧孤独死ゼロ作戦（4つの課題）を発表

⑨会報「ときわだいら」（団地自治会広報紙）を毎月10日に発行、全戸配布（5,359世帯）、常盤平駅、五香駅に掲示、発行部数7,000部

3　宣伝情報活動を重視

①会報「ときわだいら」3月10日号で510号

団地地区社協会報「福祉ネットワーク」（年3回）全戸配布、両駅掲示

②報道関係者へ情報提供、協力要請

③ホームページの活用

④福祉フォーラム、交流会等の開催による情報の共有と経験の交流

⑤定期的に役員会を開催。行動課題を協働、情報交換

図表1

－常盤平団地－

孤独死ゼロ作戦（4つの課題）

1．孤独死を発生させる社会的背景

①高齢化の進展とひとり暮らしの増加
②都市化に伴う近隣関係の希薄化
③核家族化の普遍化（最後はひとり暮らし）
④長期不況とリストラ、失業

2．孤独死の実態把握

①ひとり暮らしの実態把握と「あんしん登録カード」集約
②事例を深く知り、学んで生かす（事例研究）
③サービス制度、システムの活用

3．8つの対策

①孤独死した場合、早期発見・早期対応
②６５歳以上ひとり暮らし「あんしん登録カード」の呼びかけ
③ひとり暮らしへの対応（訪問、助け合い活動、見守り活動、安否確認、各種サービス制度の紹介、介護保険の活用等）
④「通常時」及び「緊急時」の通報ネットワークの活用
⑤「向こう三軒両隣り」への気配り
⑥福祉よろず相談業務の充実
⑦関係団体との連携
⑧行政との協働と役割分担

4．いきいき人生への啓蒙、啓発

①地域福祉の事業活動への住民参加
②「いきいきサロン」の運営と住民の利用
③「とじこもり」をなくし、出会いの奨励
④「あいさつ」運動の呼びかけ
⑤仲間づくりへの配慮
⑥ユーモア感覚の開発と「笑い」の効用研究
⑦配偶者を亡くしたあとの「立ち直り」への励まし
⑧「死への準備教育」の研究（死をタブー視しない）
⑨「快食」「快便」「快眠」の奨励
⑩その人に見合う運動、スポーツの実行
⑪日常の生活習慣の改善
⑫その他

図表2

孤独死対策の関連図

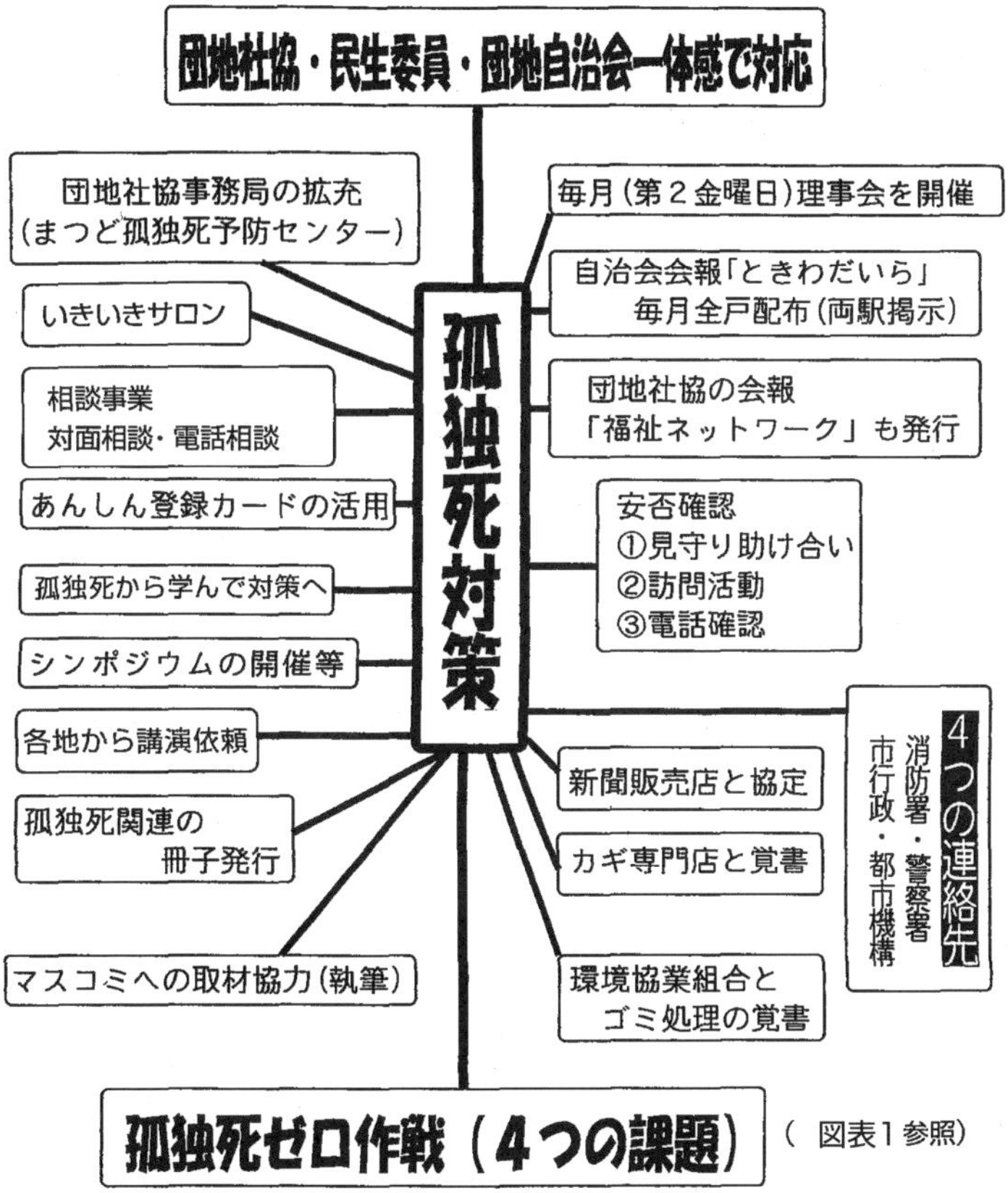

(図表1参照)

(1)孤独死を発生させる社会的状況を見極める(4項目)
(2)孤独死の実態把握(3項目)
(3)8つの対策(8項目)
(4)いきいき人生への啓蒙、啓発(12項目)

図表3

◇団地社協の福祉相談◇

▼テレホン相談
☎389〜3010番
午前10時〜午後3時

▼対面相談
毎週水曜日午前10時〜正午

当初の緊急通報体制

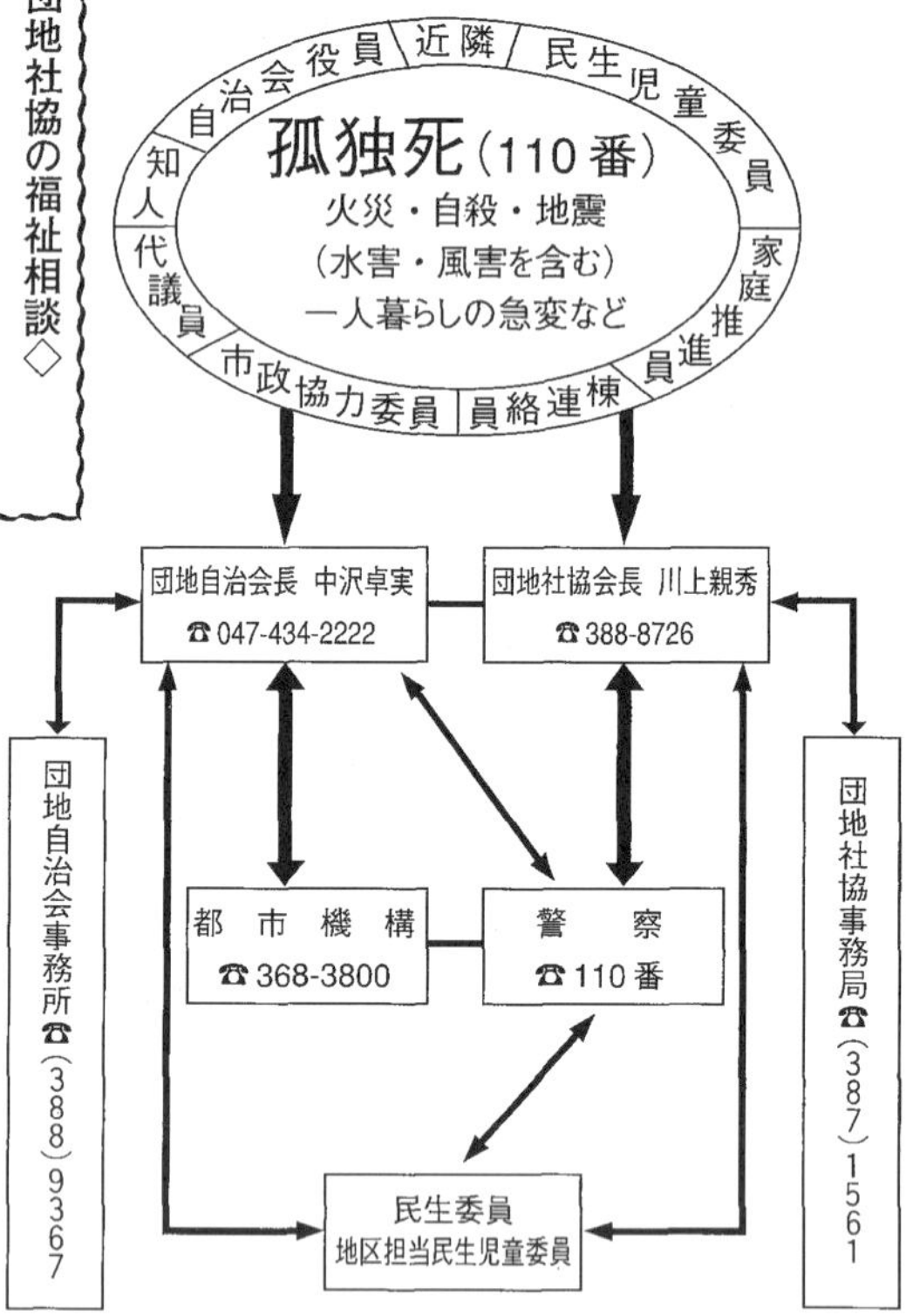

団地の孤独死の取り組みが全国的に注目されて、名古屋市、滋賀県からも「報告依頼」があって中沢会長らが参加しました。現在、「孤独死ゼロ作戦」を地域ぐるみで推進しています。

「あいさつ」運動の推進

「あいさつ」推進標語募集（概要）

〈趣旨〉
「あいさつ」は幸せづくりのスタート――しかも健康いきがいづくりの原点です。「あいさつ」を日常生活の中にとり戻し明るい地域づくりを進めます。そして互助の精神による「向こう三軒両隣り」の関係を豊にします。このような願いを込めて、「あいさつ」運動を発展させたいと思っています。この運動により住民相互の理解を深め、「声かけ」を奨励しあって、孤独死の「早期発見、早期対応」とその予防にも役立てることとします。

〈標語の募集〉
上記の趣旨により、松戸市民に「あいさつ推進標語」を募集する。

〈標語要領〉
①対　象　小学校1年生以上の松戸市民
②標語募集期間　7月10日から（締め切り日7月30日まで）
③入選の賞　市長賞、市議会議長賞、教育長賞、松戸市社会福祉協議会会長賞、都市再生機構千葉地域支社支社長賞、松戸市政協力委員連合会会長賞、常盤平団地自治会会長賞、常盤平団地地区社会福祉協議会会長賞、常盤平団地自治会代議員会議長賞、佳作（数点）

主　催　常盤平団地自治会、常盤平団地地区社会福祉協議会
後　援　松戸市、松戸市議会、松戸市教育委員会、松戸市政協力委員連合会、松戸市社会福祉協議会

図表4

いきいきサロン運営規則

いきいきサロン運営の適正化を図るために、この規則を定め、いきいきサロンの魅力づくりに努めることとする。

第一条　いきいきサロンは、有償ボランティアの世話人が日々運営に当たることとする。世話人は一日二人体制で担当する。

第二条　運営の適正化を共有し、円滑な運営を図るために、二か月に一回のわりあいで世話人会議を開く。

第三条　世話人会議は団地社協会長が招集する。

第四条　いきいきサロンの営業時間は、原則として午前11時から午後6時までとする。但し、寒気の季節（11月から翌年3月の間）は午前11時から午後5時までとする。

第五条　いきいきサロンの入室料は一人100円とする。但し2階利用の団体については、このほか別途利用料を300円とする。

第六条　いきいきサロン内では、禁煙、禁酒とする。また、飲酒を伴う来訪者については退室を求めることができる。

第七条　いきいきサロン内では、来訪者に対して、無料でコーヒー、お茶などを提供する。このほか、弁当などの持ち込みは来訪者の自由とする。

第八条　サロン内では、音楽の演奏など楽しいミニ催しなどを開催できる。

第九条　サロンの運営等に課題が生じた際には、世話人相互で連絡しあい、団地社協理事会で解決の道を示す。

第十条　この運営規則は平成19年11月1日から施行する。

㊙　常盤平団地地区社会福祉協議会　登録日平成１６年　月　日

団地名

あんしん登録カード

項目			記入欄			備考欄
号棟号室			ー　街区　号棟　号室			
ふりがな						生年月日 明・大・昭・平 ・　・
契約者本人のお名前			男・女			
ふりがな						生年月日 明・大・昭・平 ・　・
同居者のお名前			男・女			
本人連絡先			自宅電話　（　　） 携帯電話　（　　）			
緊急連絡先	(親族又はこの地域にお住まいの友人・知人を記入してください)	①	名前		関係	鍵を預けている人に○をつけてください。（希望者のみ、ご記入ください。）
			住所			
			電話	（　　）		
		②	名前		関係	
			住所			
			電話	（　　）		
		③	名前		関係	
			住所			
			電話	（　　）		
かかりつけの医師等			医療機関名 医　師　名 電　　話　（　　）			主な病名等（　　） 血液型 型（RH＋・−）

※お願いとお知らせ

○　あんしん登録カード提出後に記載事項に変更が生じた場合には、その旨をお知らせください。

○　この登録カードをコピーして登録者にお渡しします。

○　このカードの記載内容は、必要に応じて公団等関係者に提示する場合があります。

○　あんしん登録カードに関する連絡先は常盤平団地地区社会福祉協議会（団地社協）電話３８７−１５６１です。

図表5

団地社協からお知らせ

あんしん登録カード記入のお願い

常盤平団地地区社会福祉協議会（団地社協）では、都市基盤整備公団（都市公団）松戸住宅管理センターの協力を得て、松戸市、松戸市社会福祉協議会、常盤平団地自治会等の関係団体と協働し、団地住民の安心、安全を守る一環として別紙の通り「あんしん登録カード」の登録を実施いたします。

この登録カードを提出していただくことにより、事件や事故、火災、災害ないし孤独死等の緊急事態の際に、できる限り速やかに対応できるよう、事前に備えるものです。

緊急事態が発生した際、何よりも肝心なことは「関係者と連絡がとれる」ことです。「あんしん登録カード」はそのような時に関係団体（機関）に通報し、適切に対応するために利用させていただきます。

もちろん、カードの登録は強制的でなくご自身の任意です。しかもこの登録カードについては、団地社協が責任をもって管理し、緊急事態以外には使用しません。

１．記入対象者①６５歳以上の夫婦世帯　②５０歳以上の単身世帯
③身心障害者の同居世帯　④その他希望者

２．登録カードの提出
①平成１６年6月３０日から平成１６年9月３０日
②提出先は、封書に入れて、団地社協（市民センター内）電話 387-1561。
または最寄りの民生委員宅（会報「ときわだいら」参照）までお届けください。
都市公団常盤平団地管理サービス事務所（電話 387-3498）でも受け、団地社協に取り次ぎます。
・太線内には必ず記入してください。
・緊急連絡先は、最低１名を記入してください。

３．関係者に内容提示
緊急事態の際に常盤平団地内の民生委員（児童委員）、松戸市社会福祉協議会、常盤平団地自治会または福祉行政の担当、消防局等に提示し、適切な対応に資することとします。

４．この登録カードについて
団地社協が管理しますが、必要に応じて公団に提示する場合があります。
この件についての連絡先
団地社協（常盤平団地地区社会福祉協議会）（電話３８７－１５６１）

団地にお住まいの皆様へ

常盤平団地地区社会福祉協議会会長　川上親秀

図表6

即日発見した場合の孤独死対応の関連

Nさん男性・一人ぐらし（60歳後半）
平成 16 年 12 月 17 日に孤独死（その日の午前に死亡、午後に発見）

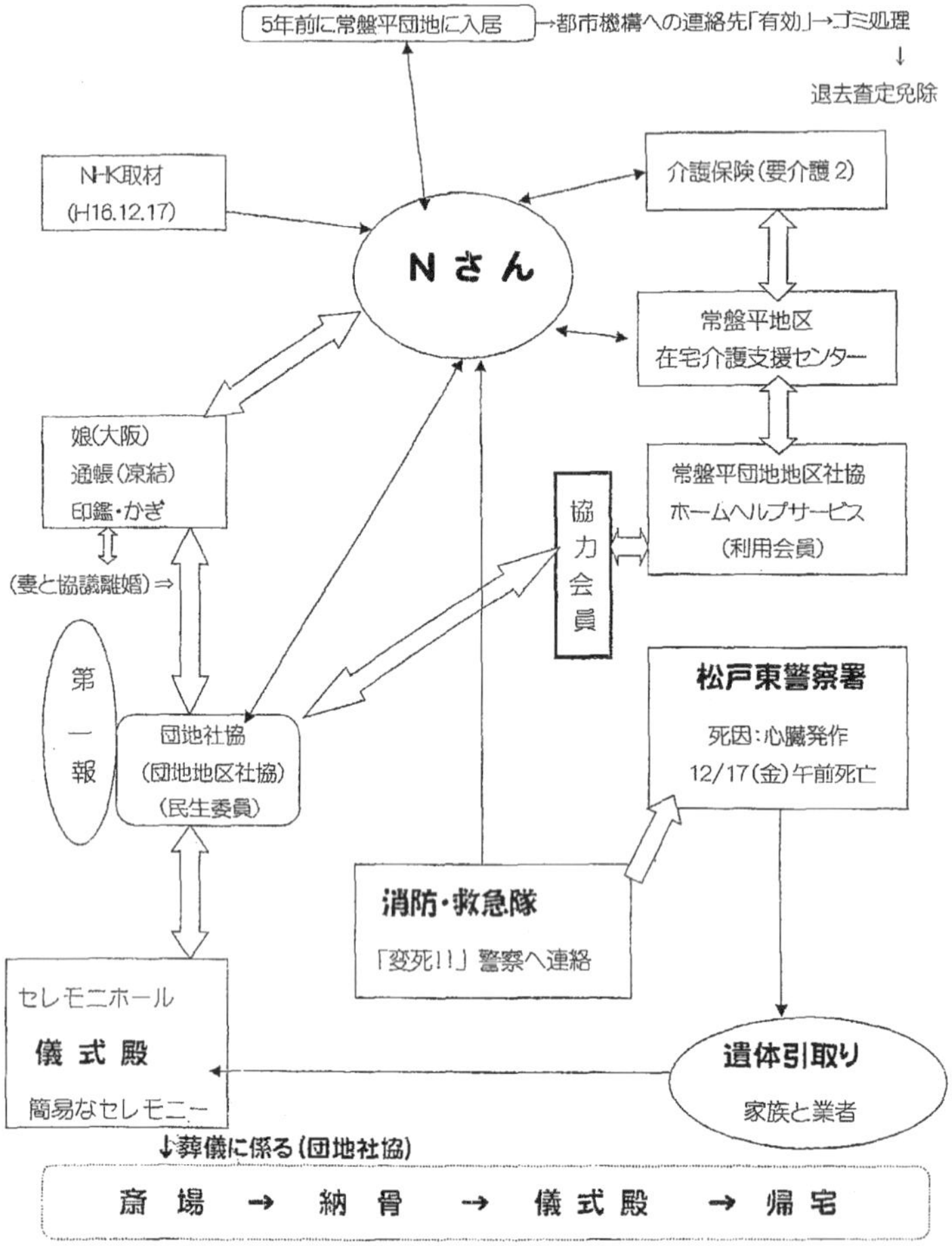

第四章

どう死ぬか、それは、どう生きるか

(1)「孤独死」の人々が教えてくれたこと

■亡くなった人は嘘をつきません

亡くなった人はいろいろなことを教えてくれます。亡くなった人は嘘をつきません。その姿が、あるがままを語っているのです。

たとえば、「会話がない」。これは若い人も年をとった方も、だいたい家のなかでは会話がないのです。テレビを見るだけの人は、「会話がない」のです。それから、兄弟とか親と連絡をしていない。連絡をすることは非常に大事なのですが、疎遠になって連絡をしていない。前章でも述べましたが、ことごとく、「ないないづくし」が、孤立した状態を招くのです。

「孤独死」の七〇%は男性です、つまり女性は三〇%です。

どうして、こんなにも男性が多いのでしょうか……。

自分勝手なことをやって、飲んだくれて、そして命を落としているケースが男性には多いのです。いわゆる「飲んべえ」ですね。

「孤独死」の男性の場合、生活そのものが出来ない！　やらない！　の「ないないづくし」です。
そういう環境、つまりすさんだ生活を、自分でつくっているのです。
そのような現実の姿が、「孤独死」の現場からあからさまに見えてきました。

■「人間」とは支え合い

「俺のことは、俺が勝手にやるのだ」と、イキがっている人もいらっしゃいますけれども、人間というのは「人と人とのコミュニケーション」で成り立っています。

人間の「命」もそうだと私は思うのです。

「人と人とのかかわり」、「人と自然のかかわり」、「心と体のかかわり」、これで支え合って、「命」があるのです。特に、人と人の関係、あるいは人と自然との関係、これによって支えられているのが人間の「命」だと思います。

「人間」という言葉の原点は、人と人とのかかわりをあらわしています。「間」には、そういう意味が含まれているのだと思います。

私は、この「孤独死」の問題に取り組むようになって、改めて、「ああ！　そういうことなのだ」と感じました。先人は、す

厚労省へ陳情のあと、全国社会福祉協議会事務局に出向き、陳情内容を説明する

ばらしいことを、この「人間」の言葉にあらわしているのだなと思いました。

それを、日々、再発見して、新たに体験していくのです。これがとてもいいことですね。

どんどん新しいものを再認識していくことになりますから、毎日が新鮮で、日々嬉しさにも出会います。

それでは、「人生」というのはどう考えたらいいのでしょうか。

「孤独死」への道を歩むのではなくて、どうやって生きがいのある、やりがいのある楽しい人生を送れるのでしょうか。

それは、人のためにつくすことです。

人のために与えることが本当の喜びだというのは、そのことなのです。

「相手が泣いているのに、自分だけ喜びを得る」これでは長続きしません。

「人のために尽くし、人に与えることによって、自分も喜びを感じる」——これが本当の喜びではないでしょうか。

人のために尽くしてこそ、やりがいにつながり、生きがいになっていくのではないでしょうか。

(2) 人間の「死」は、生きること

■「命」＝「いのち」…

私は、「孤独死問題」を考えるようになって、人間の「死」とか、あるいは「生きる」ことに関心を持たざるを得なくなりました。これまでも理屈ではわかっていたつもりだったのですが、「孤独死」の問題に取り組み、改めて、考えさせられました。

二〇〇六年のはやり漢字が「命」でした。

「命」というのはどういうことなのでしょう。

「生きる」とか「死ぬ」という場合に、この「命」の問題というのは非常に大事なのです。

親が子を殺すとか、子が親を殺すとか、どうしてこんなにも悲惨な事件が続けざまに起きるのでしょう……。

今の時代は、物質の豊かさのなかで、相対的に心の貧しさがはびこっています。

ＮＨＫ千葉総局でＦＭラジオに生出演
(2005.12.15)

愛情をお金に代えている親に育てられた子どもはどうなるのでしょうか。親の学歴主義や権威主義をおおいかぶせられる子どもたちは自分を「生きる」大人になっていけるのでしょうか。そのような多様な問題があると思います。

だからこそ「命」の問題は、人と人とのかかわり、人と自然とのかかわり、心と体の関係で、支え合っているのだろうと思います。

「孤独死問題」に向き合って、そのような「命」の大切さというものを、本当に感じさせられたのです。

そして、よくよく考えてみますと、人生の道のりというのは、それなりにあるのだということがわかってきました。

私はお寺の住職ではありませんけれども、日ごろの忙しいなか、「人生というものを、立ち止まってもう一度考えてみよう!」という心境になってきました。

■「生」「老」「病」「死」

お坊さんがよく言うのですが、「生きること」、「老いること」、「病気すること」、「死ぬこと」、この人生の四つの道のりは避けて通れないものなのです。ぼけの「呆」を入れて、五つの道のりだという人もおりますけれども、ここでは四つとします。

「生」「老」「病」「死」――このことを私どもに教えてくれたのは、「孤独死」がきっかけです。そこからくみ取り、そこから得た学びを大切に受け止めて、もっともっと深く研究・実践していくことが、自分自身の「生き方」を変えていくことになると思っています。

■「どう死ぬか」ということは、「どう生きるか」につながる

「死」は「生」のカガミといえるでしょう。

言葉を変えて言うと、人間というのは、「いつかは死ぬ」のです。「死」は避けて通れないのです。人間の死亡率は一〇〇%です。「死」について、私たち人間は選ぶことができないということがわかってきました。しかし、「生きる」ことは、自ら選ぶことができるのです。

貧しい人たちや、障害をもっている人、あるいは、今のままでいたら「孤独死予備軍」になりそうな人など、そういった人たちをどうやって地域で支え合っていくのでしょうか。これが、「地域福祉」の原点だと気付かされました。

そのような意味からも、私どもの「孤独死ゼロ作戦」は、みんな

視察する沖縄県議団の方々（2007.3.14）

で「生活習慣」をいい方向に努力し合って変えていこう！　と呼びかけます。

これが「生きる」ことの呼びかけなのです。

「孤独死」の課題で一番大事なのは、「生きることへの働きかけ」ではないかと思います。

あいさつから始まって、あいさつで終わるという人生を築くことは大切なことです。

あいさつは「幸せ」（心地よさ）をつくっていくということもわかってきました。

その心地よさを知っている人が、先だって、地域の皆さんに広めていきましょう。

まず、お隣の人に挨拶をして、笑顔の働きかけをしてみましょう。

■敬老の集いで

二〇〇七年、私の団地では、三九回目の「敬老の集い」を実施しました。九九歳のAさんが参加され、長寿を表彰されました。Aさんはテレビ朝日に登場したこともあるそうです。

九九歳にして、夕飯のおかずに「てんぷら」をつくっては近所の人に配っています。Aさんは、これを喜びとして、自覚していらっしゃるようです。

九九歳にして、隣近所に「天ぷら」をつくってあげようという、この気持ちを考えてみてください。

これは、人のために尽くす喜びをではないでしょうか。

人に喜んでもらうことの喜びではないでしょうか。

何気ない日常的なことですが、すばらしいことだと私は思います。

先人の教え「世のため、人のために尽くす」ことは大げさなことではありません。それをやりがいとする人たちが増えてくると、その地域が豊かになっていきます。

ドイツのことわざにもありますが、「ともに喜ぶのは二倍の喜び、ともに苦しむのは半分の苦しみ」です。

ともに喜ぶことは、手と手をとりあい二倍の喜びとなります。悲しいことは、隣人とともに悲しんでみてください。気持ちを分け合うと、悲しさも少しずつひきうけあえるようになり、苦しみは半減していきます。

いきいきサロン前のしあわせ広場で、「第１回常盤平けやきまつり」を開催　(2007.6.27)

■　自分が入院して

実は、私自身が二〇〇七年八月二三日から九日間の入院をしました。私の人生にとって「入院」ということが、初めての経験だったのです。大腸をやられまして、「虚血性腸炎」という病で倒れてしまいました。

病院で、ドクターから「中沢さん、治す特効薬はないですよ！　食事療法で努力しなさい！」と言われました。しかも、「働き過ぎ」、「食べすぎ」、「飲みすぎ」はやめるようにと。特に、肉、てんぷらなどの油ものはだめだと注意されました。病気した後で、今ではお坊さんのように野菜中心の食事に変えております。

生活習慣を変える努力をして、毎日、おかゆ同然のものを食べております。見かけは丈夫ですが、内臓がよくない、自分の体の内部事情がはっきりとわかったのです。

■今後の活動

今後は、体調と相談しながら、引き続き、自治会長の仕事を全うしながら、「孤独死ゼロ作戦」に挑んでいきたいと思います。

特に、「孤独死」の問題を社会へ啓発していく活動に力を入れていきたいと考えています。そのほかにも私が主宰して「孤独死研究会」を立ち上げました。

日本全国から、講演依頼、原稿の依頼も増えてきました。

「孤独死」の啓発活動を通して、常盤平団地地域を「福祉の心でまちづくり」に努め、住みやすい環境にしていければと思っています。

本書では、これまでの「孤独死ゼロ作戦」の経緯や活動内容などを記してきましたが、まだまだ書き足りないといった気分です。こまかなエピソードのご紹介も不十分かと思います。

千葉県白井市社会福祉協議会と合同研究・交流会
（2007.6.12）

二〇〇八年夏には、「淑徳大学孤独死研究会」の皆さんと一緒に、「孤独死」をテーマとした著書を、再度、公刊する予定です（中央法規出版）。次の書では「孤独死」における社会的背景などを詳細に分析しながら執筆していきたいと考えております。

私にとって、この「孤独死ゼロ作戦」は、地域福祉の推進のなかで実践的なテーマであり、これからも生きることへの永遠の研究テーマとしていきます。

団地誕生

昭和三五年から三七年にかけて日本一の大規模団地が誕生して、新団地へ続々と入居を開始。学校も商店も、道路も公園も整備されて新しいまちの生活が始まりました。

終章

監修（編集）を終えて

結城　康博

（1）常盤平団地の歩み

■ 団地ができる以前の常盤平

一九五五年四月二一日、鎌ヶ谷初富～松戸間の新京成線全線（単線）が開業され、金ヶ作駅が無人駅として誕生しました（一九六〇年常盤平駅に改称）。当時の常盤平駅周辺は、自然豊かな農村地帯でした。

常盤平団地ができるまでには、「金ヶ作宅地紛争」として地元農民の反対運動が盛んで、度々、日本住宅公団側と地元農民とのトラブルが相次いだそうです。例えば、測量において、地元農民が妨害するなどの衝突がありました（松戸市立博物館所蔵「読売新聞記事一九五八年一月」）。

■ 日本住宅公団の誕生

一九五五年七月二五日、日本住宅公団、現在の「独立行政法人都市再生機構」（ＵＲ都市機構）が誕生しました。この組織は、政府・民間から資金を調達して、大都市住宅問題を解消する目的で、大規模な宅地開発を実施し、住宅供給を整備することがねらいとされたものです。当時の東京の人口は、約七〇〇万人に達し「神武景気」に沸いていた時代です。一九五六年の「経済白書」では、

「もはや戦後ではない」という一節が明記され、高度経済成長期の幕開けとなった時期といえるでしょう。

そのため、東京近郊では「住宅難」という問題が生じてきました。日本住宅公団は、大都市周辺部に一五カ所の開発を計画し、その一つが金ヶ作（常盤平）地区だったのです。公団は一九五五年一一月に事業計画を発表し、数年、反対運動もありましたが（一九六一年二月反対運動終結）、団地の完成によって一九六〇年四月から入居が始まったのです。

結城氏と中沢氏（右）

■ 団地による新生活スタイル

一九六二年六月全戸の入居が完了し、総戸数四八三九戸、保育園、幼稚園、小・中学校、郵便局、商店街など、一つの町として団地は機能していきます。最も多い間取りは「二DK四三%」、次に「一DK三一%」、「三K二五%」という割合になっています。

住民の多くは都心へ通勤する大企業のサラリーマンで、当時のエリート層といわれる人達でした。生活スタイルも「モダン風」で、当時の団地内のテレビ及び電気洗濯機の普及率は八割以上で、全国世帯の平均を大幅に上回るものでした。いわゆる「団地族」と言われる人々が暮らしていたのです（一九六〇年『経済白書』で、「世帯主の年齢が若く、小家族で共働きの世帯もかなりあり、年齢の割には所得水準が高く、一流の大企業や官公庁に努めるインテリ・サラリーマン」と述べられています）。私は、昔、森繁久弥主演の映画『駅前団地（一九六一年）』を見たことがありますが、これはマンモス団地を舞台とした喜劇であり、そこから当時の団地生活をイメージできるでしょう。

「常盤平団地」の名称は、一九五九年一二月、公募したところ二二八通の応募があり、当時、新京成電鉄に勤務していた青木正治郎さんの作品が選ばれました。

入居にあたっての抽選倍率は、約二〇倍を超えたそうです。しかも、その応募資格は家賃の五・五倍以上の月収が条件となっていました。当時の家賃が、月四五〇〇円～五五〇〇円ですから、約二万五〇〇〇円～約三万円の月収層でないと応募できないことになります。一九五五年の大卒初任給は約一万七〇〇〇円、一九五八年約一万三五〇〇円、一九六〇年約一万五〇〇〇円でしたので、いかに入居者の所得階層が高かったかのかが理解できます。今でいえば、高級マンションに住むエリート層といえるのではないでしょうか。

■ 家賃値上げ反対運動等の歴史

現在、松戸市常盤平団地は、「孤独死対策」の先駆的な事例として全国で知られつつありますが、約二〇年前は「公団家賃値上げ反対運動」に挑んだ団地自治会として、全国的に有名になりました。一九八八年一〇月から当時の「住宅・都市整備公団」は、第三次家賃値上げを実施しましたが、団地自治会はそれらを不当として提訴へ踏み切った歴史があります（「東京新聞」一九八八年一二月五日付）。

その代表の一人として、中沢会長が名を連ねていたのです。「地価高騰に便乗した不当な値上げ」として、値上げ分の不払いを求めて民事訴訟をしたのでした。当時、年金生活者が増えつつある団地住民は、家賃の値上げによってその老後の生活が危うくなり、「社会的弱者切り捨て」と受け取れる措置だったようです。

密かに迷惑空き家を企む公団へ抗議！

自治会はこのような「社会的弱者」の代弁者として、その活動に励んだ経緯があります。いわば自分たちの「終の棲家を守る」といった感じでしょう。しかし、幾度となく繰り返された家賃紛争は、一九九六年四月二六日、自治会側の請求が棄却されるという結末で終わります。しかし、「高齢者の住み家は？」といった問題提議として、全国に大きなインパクトを与えたのです。

その外にも「高齢者の住まい」という視点から、公団住宅と自治会との間で「隠れ空き家」といった問題が生じましたが、本書では紙面の関係で省略させていただきます。それらは、今年の夏に公刊を予定している中央法規出版からの単行本（中沢卓実・淑徳大学孤独死研究会編『（仮）団地の孤独死』）で、詳細を論じたいと思います。

■現在の常盤平団地

二〇〇四年九月現在で、常盤平団地の総世帯数は五三五九戸となり、外国人も含め人口九〇〇〇人となっています。また、一九六二年と二〇〇四年の年齢人口割合の推移をみると、明らかに高齢化が進行しています。

そして、二〇〇六年三月三一日で団地の高齢化率は二九・八％までに上がり、六五歳以上の高齢者は二四九九人となっています（男性：一〇八七人、女性：一四一二人）。

二〇〇五年五月一五日には、常盤平団地四五周年記念の集いが開催されました。現在、周知のように「孤独死対策」の常盤平団地として、多くの人々が見学に訪れています。

また、常盤平団地の孤独死数は毎年四〜五名は発生していますが（多い年は七名〜八名）、早期発見することも可能で病院へ搬送したケースもみられることから、確実に「孤独死対策」は浸透しているといえるでしょう。

（2）中沢会長のリーダーシップ

■団地住民との信頼関係

私（結城）は、勤務先の大学と自宅との通勤途上に常盤平団地が位置しているため、すでに一〇数回足を運びました。そのなかで、まず、中沢会長をはじめとした自治会役員と団地住民との信頼関係が、強固であるとの印象を受けます。

よく、多くの団地住民から「会長！　会長！」と、中沢会長が声をかけられる光景を目にします。ある日、中沢会長と一緒に「そば屋」に入った際にも、「会長！　元気ですか！」と親しげに店の人が話しかけてきました。これらの様子は、少し、下町に似た感じでした。いわば、「地域社会」といった雰囲気が印象づけられます。

やはり、地域福祉を推進していくには、自治会などの役員と団地住民との信頼関係がないと難しいのだと感じた次第です。

■ 協力してくれる役員たち

常盤平団地に足を運ぶうちに、中沢会長以外にも熱心に活動している役員が大勢いることに気づきました。

「まつど孤独死予防センター」の所長である坂井豊さんは、七五歳を過ぎてもパソコンが堪能で、メールで関係機関とのやりとりをしています。資料や書類もワードやエクセルを自由自在に使いこなし、センター事務をこなしています。

また、常盤平地区社会福祉協議会の会長である大嶋愛子さんは、電話応対など細々とした事務作業に専念し、実際の見守り活動や見学者への説明など、丹念に事務をこなしています。その他にも数名の役員がセンターを切り盛りして、中沢会長を中心に多くの活動に励んでいるのが、常盤平団地自治会及び地区社協の特徴だと感じました。

■ マスコミを味方に！

私が団地を訪れる際に、数回、マスコミ関係者とお話する機会がありました。東京新聞、テレビ朝日、共同通信社といいた取材陣が、常盤平団地を訪れていたのです。「孤独死対策」で全国的に有名になったとはいえ、多くのマスコミ取材陣が、度々常盤平を訪れるのは、中沢会長をはじめとした役員方の人柄に引き寄せられている側面があるのでしょう。
ある意味、マスコミ関係者を味方につけ、自治会全体が「孤独死対策」に挑んでいることは、大いに効果的な啓発活動につながっていると思います。

（3）「孤独死」の社会的問題

自治会役員の皆さん

■ 単身高齢者と地域福祉

厚労省も本格的に取り組んでいる「孤独死対策」は、当然、単身高齢者の増大が大きな要因として考えられるでしょう。六五歳以上人口（平成一六年九月一五日現在推計）は全国約二五〇〇万人で、総人口の一九・五％を占めています。男女別にみると、男性は約一〇五〇万人（男性人口約一七％）、女性は一四五〇万人（女性人口の約二二％）となっています。しかも、高齢単身世帯が約九四万世帯、高齢夫婦世帯が九一万世帯にもなっています。

なお、年齢に関係なく二〇〇五年において、全生体に占める単身世帯割合は約三割以上となっています。一九八〇年の単身世帯割合が約二割でしたので、ここ二五年で一割以上も単身世帯が増加したことになります。

その意味で、社会的に「孤独死」が生じる状況は年々増していることが理解できます。

そのため、厚労省の研究会でも先進的な「新宿区」「釧路地区」「川崎市」「常盤平団地」などの地域福祉の取り組みなどをもとに、「孤独死対策」についてあるべき姿を模索しているのでしょう。介護保険サービスや市区町村といった公的なサービスだけではなく、地域住民が主体となるインフォーマルサービスともいうべ

表4：死因順位（第3位まで）別にみた死亡数

年次	第1位		第2位		第3位	
	死因	死亡数	死因	死亡数	死因	死亡数
2004年	悪性新生物	320 358人	心疾患	159 625人	脳血管疾患	129 055人

厚生労働省「人口動態統計年報主要統計表」から作成

表5：死亡の場所別にみた死亡数・構成割合の年次推移

年次	単位	総数	病院	診療所	介護老人保健施設	助産所	老人ホーム	自宅	その他
2004年	人	1 028 602	818 586	27 586	6 490	3	21 313	127 445	27 179
	%	100	79.6	2.7	0.6	0	2.1	12.4	2.6

厚生労働省「人口動態統計年報主要統計表」から作成

き社会資源によって、「孤独死対策」における何らかの方向性が見出せるのではないかと期待されているのです。

今後、常盤平団地などの取り組みが、全国的に拡がりつつある「孤独死問題」に、何らかのヒントを示せるのではないでしょうか。

■突然死と生活習慣

「孤独死」を考えるにあたって、私は、「突然死」を思い描きます。誰も死ぬとは思っていないが、「突然」死んでしまう。これを「突然死」といいます。突然死の約六割が「心筋梗塞・狭心症」、約二割が「脳出血・脳梗塞」と言われています。要するに「突然死」の約八割が、心臓や脳血管障害によるものです。これは現在の死因の第二位、第三位に該当し（表4）、二〇〇四年約四〇万人近くの方が亡くなっているのです。しかも、二〇〇四年度自宅で亡くなる方が約一二・七万人で（表5）、「孤独死」で亡くなる人が毎年約二万人～三万人という推計が報告されています。

おそらく「孤独死」で亡くなる原因は「動脈硬化」、「高血圧」、「高脂血症」などで、血管が硬くなり閉塞することにより、「心・脳血管疾患」を発症するのでしょう。中沢氏が先に述べていたように、「孤独死」で亡くなる多くは、「酒で気を紛らわす」、「カップラーメン生活」、「不規

「まつど孤独死予防センター」所長
坂井豊氏

則な生活」といった傾向で、そのような疾病を生じさせるのでしょう。その意味で、このような疾病に招きやすい生活スタイルへと自然になってしまうのかもしれません。

また、視点を変えると「突然死」の原因は、全体の約七割が循環器系で、約二割が脳血管系の病気といわれています。

循環器系の病気は、「狭心症」「心筋梗塞」に代表される心臓の病気が要因とされていることが多いのです。一方、脳血管系の病気とは、脳卒中といわれ、「脳出血」、「くも膜下出血」、「脳梗塞」などが挙げられます。つまり、「孤独死」は、心臓や脳の血管の病気に関係している可能性が高く、普段からその予防と治療も大切かもしれません。

その意味で、中沢会長が提唱している「生活習慣」を変えることは、医学的にも大いに有効だといえます。

（4）常盤平団地から学ぶもの

■ 団地の夜回りに同行して

ある夜七時ごろ、私（結城）は、大嶋愛子さんとひとり暮らし世帯の夜回り

大嶋さんと結城氏

に同行させていただくことができました。一度、「孤独死対策」の一環として、見守り活動の様子を見学したいと思っていたからです。

日ごろから気になっている認知症のお年寄りの様子を見に行くことになりました。外からは電気の明かりがついているので、元気で暮らしていることがわかります。しかし、大嶋さんは、「明かりがついているから、必ずしも安心とはいえないのよ！」と、郵便ポストや電気メータを確認して、その後、呼び鈴を鳴らして「○○さん！」と、様子を伺うことになりました。その時は、元気そうな表情で私たちに挨拶してくれました。

また、別のひとり暮らしの女性のお宅を訪問しました。今度は、七時半を過ぎているにもかかわらず家に上げてもらい、「しばらくお話しましょう！」と、気さくに対応してくれました。その方は、昔の常盤平団地の思い出を語ってくれ、たいへん有意義な時間を過ごすことができました。

大嶋さんによれば、はじめのうちは、自治会役員や民生委員が見守り活動をおこなうからといって訪ねても、「私はいいですから！」と、関係をもとうとしないひとり暮らしの人も少なくないそうです。その場合は、日ごろから挨拶を交わし、徐々に人間関係を築きながら信頼されるように根気よくかかわるようにして、ようやく話すことができると教えてくれました。

自治会の会議に参加して

ある日、私は、自治会の会議を傍聴させていただく機会を得ました。約一〇名の役員の方が集まり、八月に行われる納涼祭の打ち合わせが議題の趣旨であったのです。昔、地元の自治会の会議に出席した経験がありましたが、常盤平団地自治会の場合は、皆の発言が活発で、やぐらを組むに当たっての課題や当日の日程など詳細に打ち合わせをおこないました。しかし、それだけであれば通常の自治会会議と変りません。その外にも高齢者や障害者といったボランティアの手配など、福祉の視点での段取りも入念に話し合われていたのです。

また、九月の敬老会の議題になると、九〇歳以上になる方も五〇名ほどいらっしゃり、そのお祝いや来賓挨拶などの段取りが話し合われていました。特に、七〇代の役員が元気に説明しているシーンは印象的であります。常盤平団地自治会では、七〇代の役員は働き盛りといった感じで、五〇代もしくは六〇代の役員は、若い世代になる印象を受けました。

たとえ、七〇代の役員の方がいらしても、何かそこに若さを感じ、エネルギーが漲っている印象をうけたのが率直な感想です。

その外にも「UR都市機構」側による、外壁ペンキ塗りに関する説明会も傍聴させていただくことができました。自治会役員向けに催された説明会でしたが、各地区のリーダーとでも言うべき団地自治会の役員が総勢四〇名程度集まり、熱心にその説明を聞いていました。そして、その質問は鋭い指摘ばかりで、ある意味、緊張感が漂っていた印象を受けたのです。

以前、私は自宅マンションの役員を経験したことがあり、管理会社の修繕作業の説明をうけたことがありました。正直、役員たちは管理会社の説明に対して、ほとんど質問せず、ほぼお任せといった感じです。正直、緊張感などはなく、ある意味、儀式的な会となっていたような覚えがあります。

それに比べ、常盤平団地自治会の役員は、「自分の棲家は自分で守る」といった雰囲気で、その熱心さを肌で感じたのでした。

第一回千葉県地域福祉フォーラムに参加した常盤平団地の役員、千葉県社協香取達子部長（右から５人目）と
（2007.12.17　千葉県労働者福祉会館で）

■絶え間ない広報活動

私が常盤平団地へ足を運ぶ際に、常に目に付くことは、絶え間なく新聞や広報誌が発行されていることです。社協だよりや自治会新聞など毎月、欠かさ

ず住民へ提供されています。この広報活動が充実していることで、「孤独死対策」において大きな効果をもたらしていると思います。

つまり、広報活動を持続していくには、しっかりとした組織がなければできません。役員はボランティアといえども、かなりハードな作業になります。住民にとっては貴重な地元情報を常に入手できることが可能となります。

■「孤独死対策」が団地の評判を高める

現在、四〇年以上経過した古い団地であっても、常盤平団地への入居希望者は後を絶えないそうです。常盤平団地は全て賃貸でありますので、分譲住宅はありません。皆が同じ境遇と言っていいでしょう。

今、「孤独死対策」で有名になったため、地域の見守り体制がしっかりしているとの噂が広まり、入居希望者が増えているのです。通常、一九六〇年代前後に建築された団地への入居希望者は減少します。

しかし、「孤独死対策」といった地域の見守り活動が充実していることで、団地の評判を高める効果をもたらしたのです（雑誌『アエラ』二〇〇七・七・一八「団地は聖地だ」で、常盤平団地が紹介）。

注目されている
団地の取り組み
「孤独死ゼロ作戦」を考えるフォーラム2007
★主催
孤独死ゼロ作戦を考えるフォーラム実行委員会（団地自治会、団地社協等）
★主旨
常盤平団地が地域ぐるみ福祉の究極の課題として捉え、取り組んでマル5年。この間の取り組みを統括し、この経験をさらに生かし、地域コミュニティを発展させるために、以下の通りフォーラムを開催します。
★日時
12月10日（月）午後2時
★会場
常盤平市民センターホール
基調報告「孤独死の取り組み5年間の総括」
中沢 卓実氏（常盤平団地自治会長）
朗読（野元 敏子・水嶋 君代）
シンポジウム
●コーディネーター
水嶋 清司氏（団地自治会副会長）
●パネリスト
大嶋 愛子氏（団地社協会長）
石田 勝彦氏（松戸市高齢者福祉課長）
小池 昭夫氏（都市再生機構業務収納チームリーダー）
田村 仁氏（常盤平中央病院院長）
後援 松戸市、県社会福祉協議会、松戸市社会福祉協議会、老人クラブときわ会、常盤平環境会議、常盤平団地地区民生委員児童委員協議会、市政協力委員連合会常盤平団地地区、家庭福祉推進委員、常盤平中央病院、江戸川大学総合福祉専門学校
連絡先 常盤平団地自治会事務局 ☎047-388-9367 常盤平団地地区社会福祉協議会事務局 ☎047-387-1561

おわりに

結城　康博

本書は、常盤平団地地区社会福祉協議会が作成した『常盤平団地孤独死ゼロ作戦——中沢卓実講和集』及び『常盤平団地孤独死ゼロ作戦①〜⑥』、『常盤平団地四五周年記念生活誌』、団地自治会新聞「ときわだいら」などを基に、中沢卓実会長が執筆し、私（結城）が監修（編集）したものです。

私が、中沢会長の名前を知ったのは、地域包括支援センターで働いていた時に、新聞記事などで「孤独死対策」の取り組みに関心を持ったからです。そして、研究者に転職して、別の著書を出版する際に、常盤平団地の取り組みをインタビューしようと思い、詳しく会長にお話を伺いました。最後に、中沢会長は、「何度か団地に足を運ばないと、真髄は理解できないよ！　まあ、学者やジャーナリストは、それで十分かもしれないけど！」と話してくれました。

「社会福祉学」を教え、しかも社会福祉士ということもあって、私は、しばらく団地に足を運び勉強してみようと思い立ったのです。

何度か「孤独死対策」の取り組みを体験させていただくにつれ、ここは「ソーシャル・ワーク（社会福祉援助技術）」を全て実践している地域だと実感しました。ケースワーク、グループワーク、地域福祉、社会調査、社会活動（ソーシャル・アクション）といった「社会福祉学」の教科書で述べられている内容が、つぶさに見られます。

今回、中沢会長の御厚意で一緒に本書を公刊できたことに、心から感謝申し上げたとい思います。また、団地に何度も行く際に、温かく迎えてくださる自治会役員の方などにもお礼を申し上げます（いきいきサロンに行くと、いつもおいしいコーヒーを飲ませてくれます）。時には、夕食など手料理でご馳走してくれ、そのお心遣いがたいへん嬉しくもあり、なんだか安心感も得られました。

現在、全国的に「孤独死対策」の問題意識が広がりつつあるなかで、本書が何らかのお役に立てればと思います。

最後に、本章を公刊できましたのも「（株）本の泉社」編集部の皆さま方のおかげと、心からお礼を申し上げます。

二〇〇八年一月

淑徳大学研究室にて

結城康博氏

巻末資料1

高齢者等が一人でも安心して暮らせる
コミュニティづくり推進会議
(「孤立死」ゼロを目指して)

平成19年8月28日

厚 生 労 働 省 老 健 局 計 画 課
認知症・虐待防止対策推進室

孤立死防止推進事業（「孤立死ゼロ・プロジェクト」）

平成19年度予算額　172,956千円

【目　的】

○　都市部を中心に、地域から孤立した高齢者や単身高齢者の死亡が増加
○　こうした高齢者の孤立死を防止する観点から、国、地方自治体等が主体となって総合的な取組みを推進

【事業内容】

①　推進会議の設置
　○　有識者、自治体、関係団体等で構成(関係省庁共同事務局で運営)
　○　高齢者等が一人でも安心して暮らせるコミュニティづくりに向けての提言を策定

②「孤立死ゼロ・モデル事業」の推進
　○　モデル自治体において孤立死の防止を目指した取り組みを推進

我が国の高齢化の推移

	総人口（千人）	65歳以上人口（千人）	高齢化率（%）
昭和30（1955）年	90,077	4,786	5.3
昭和40（1965）年	99,209	6,236	6.3
昭和50（1975）年	111,940	8,865	7.9
昭和60（1985）年	121,049	12,468	10.3
平成 7（1995）年	125,570	18,261	14.5
平成17（2005）年	127,768	25,761	20.2
平成27（2015）年	125,430	33,781	26.9
平成37（2025）年	119,270	36,354	30.5
平成47（2035）年	110,679	37,249	33.7
平成57（2045）年	100,443	38,407	38.2

（注）平成17（2005）年までは総務省統計局「国勢調査」、平成27（2015）年以降は国立社会保障・人口問題研究所「日本の将来推計人口（中位推計）」。

高齢者の世帯形態の将来推計

（万世帯）

	2005	2010	2015	2020	2025
一般世帯	4,904 万世帯	5,014	5,048	5,027	4,964
世帯主が65歳以上	1,338 万世帯	1,541	1,762	1,847	1,843
単独	386万世帯	471	566	635	680
（比率）	28.9%	30.6%	32.2%	34.4%	36.9%
夫婦のみ	470万世帯	542	614	631	609
（比率）	35.1%	35.2%	34.8%	34.2%	33.1%

（注）比率は、世帯主が65歳以上の世帯に占める割合

出典：国立社会保障・人口問題研究所「日本の世帯数の将来推計ー平成15年10月推計ー」

「家族同居」モデル→「同居＋独居」モデル

認知症高齢者の増加

○ 今後、認知症高齢者は急速に増加する。

		2005	2015	2025	2035
自立度Ⅱ以上		169万人	250万人	323万人	376万人
	65歳以上人口比(%)	6.7%	7.6%	9.3%	10.7%
うち自立度Ⅲ以上		90万人	135万人	176万人	205万人
	65歳以上人口比(%)	3.6%	4.1%	5.1%	5.8%

※「自立度Ⅱ」:日常生活に支障を来すような症状・行動や意思疎通の困難さが多少見られても、誰かが注意していれば自立できる。

※「自立度Ⅲ」:日常生活に支障を来すような症状・行動や意思疎通の困難さがときどき見られ、介護を必要とする。

➡ 「身体ケア」モデル→「身体ケア＋認知症ケア」モデル

世帯類型に応じた高齢者の生活実態等に関する意識調査結果①
(平成17年度・内閣府)

日常生活での心配ごとの内容(複数回答)

	一人暮らし世帯(%)	夫婦のみ世帯(%)	一般世帯(%)		一人暮らし世帯(%)	夫婦のみ世帯(%)	一般世帯(%)
自分が病気がちであったり介護を必要としている	34.9	36.3	36.4	先祖や祭祀やお墓のこと	5.8	5.9	5.5
配偶者が病気がちであったり介護を必要としている	—	23.3	14.9	人(近隣、親戚、友人、仲間など)とのつきあいがうまくいっていない	2.0	1.5	2.4
頼れる人がいなく一人きりである	30.7	2.2	4.7	子どもや孫のこと	8.0	16.7	22.6
生活のための収入がたりない	21.4	18.1	19.3	社会の仕組み(法律、社会保障、金融制度)がわからない	7.2	10.6	8.2
家事が大変である	18.0	7.6	8.6	だまされたり、犯罪に巻き込まれた(ている)	7.2	5.2	3.0
外出時の転倒や事故	20.4	11.7	11.3	大地震などの災害	26.1	26.3	22.1
自宅内での転倒や事故	15.8	7.6	7.7	その他	16.8	17.2	14.6
土地や家屋などの財産の相続のこと	5.6	5.4	5.3	わからない	1.4	2.4	1.3

世帯類型に応じた高齢者の生活実態等に関する意識調査結果②（平成17年度・内閣府）

将来の不安の内容（複数回答）

	一人暮らし世帯 (%)	夫婦のみ世帯 (%)	一般世帯 (%)		一人暮らし世帯 (%)	夫婦のみ世帯 (%)	一般世帯 (%)
自分が病気になったり介護が必要となること	82.8	76.5	72.6	子どもや孫などの将来	5.8	11.9	18.6
配偶者が病気になったり介護が必要となること	0.2	63.6	39.0	社会の仕組み（法律、社会保障、金融制度）が大きく変わってわからなくなること	9.7	15.5	14.5
頼れる人がいなくなること	17.5	11.0	10.0	だまされたり、犯罪に巻き込まれること	10.0	7.2	5.5
生活のための収入のこと	21.4	21.0	24.6	大地震などの災害	25.0	25.9	23.5
財産の管理や相続のこと	6.6	4.4	6.0	その他	4.7	4.7	3.9
人（近隣、親戚、友人、仲間など）とのつきあいのこと	3.3	1.9	2.5	わからない	1.5	0.3	0.4

世帯類型に応じた高齢者の生活実態等に関する意識調査結果③（平成17年度・内閣府）

人とのつきあい

近所づきあい	一人暮らし世帯 (%)	夫婦のみ世帯 (%)	一般世帯 (%)	親しい友人の有無	一人暮らし世帯 (%)	夫婦のみ世帯 (%)	一般世帯 (%)
お互いに訪問しあう人がいる	33.1	28.2	30.3	ほとんど毎日連絡を取り合っている友人がいる	15.8	9.5	12.5
立ち話をする程度の人がいる	28.9	39.6	33.6	週に1回以上連絡を取り合っている友人がいる	28.4	24.9	24.3
あいさつをする程度の人がいる	26.5	27.7	29.0	月に1～3回連絡を取り合っている友人がいる	19.8	22.3	21.5
つきあいはない	11.2	4.4	6.8	年に数回連絡を取り合っている友人がいる	8.2	15.3	14.2
わからない	0.3	0.1	0.3	親しい友人はいない	26.9	27.3	26.2
				わからない	0.9	0.7	1.3
合計	100	100	100	合計	100	100	100

巻末資料2

新宿区における
孤独死防止への取組み

新宿区　健康部

1

東京２３区

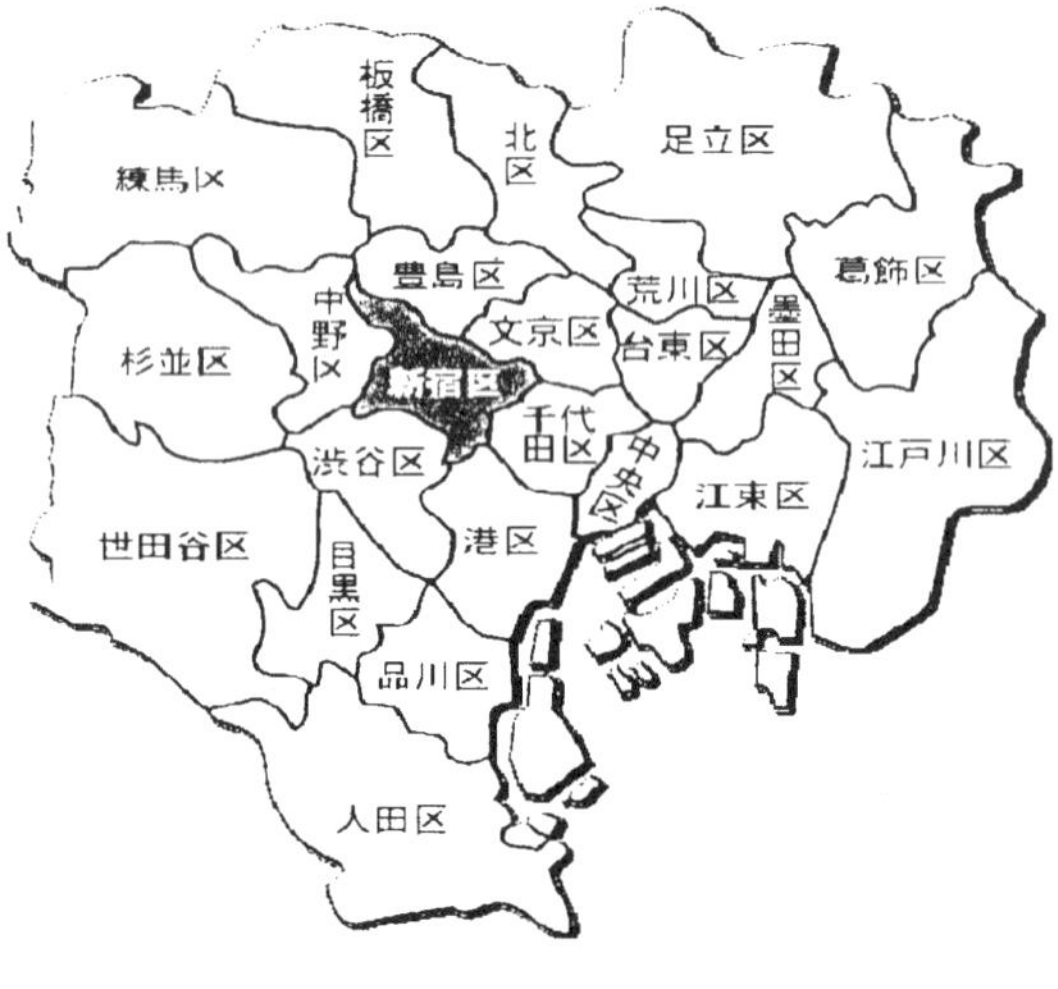

2

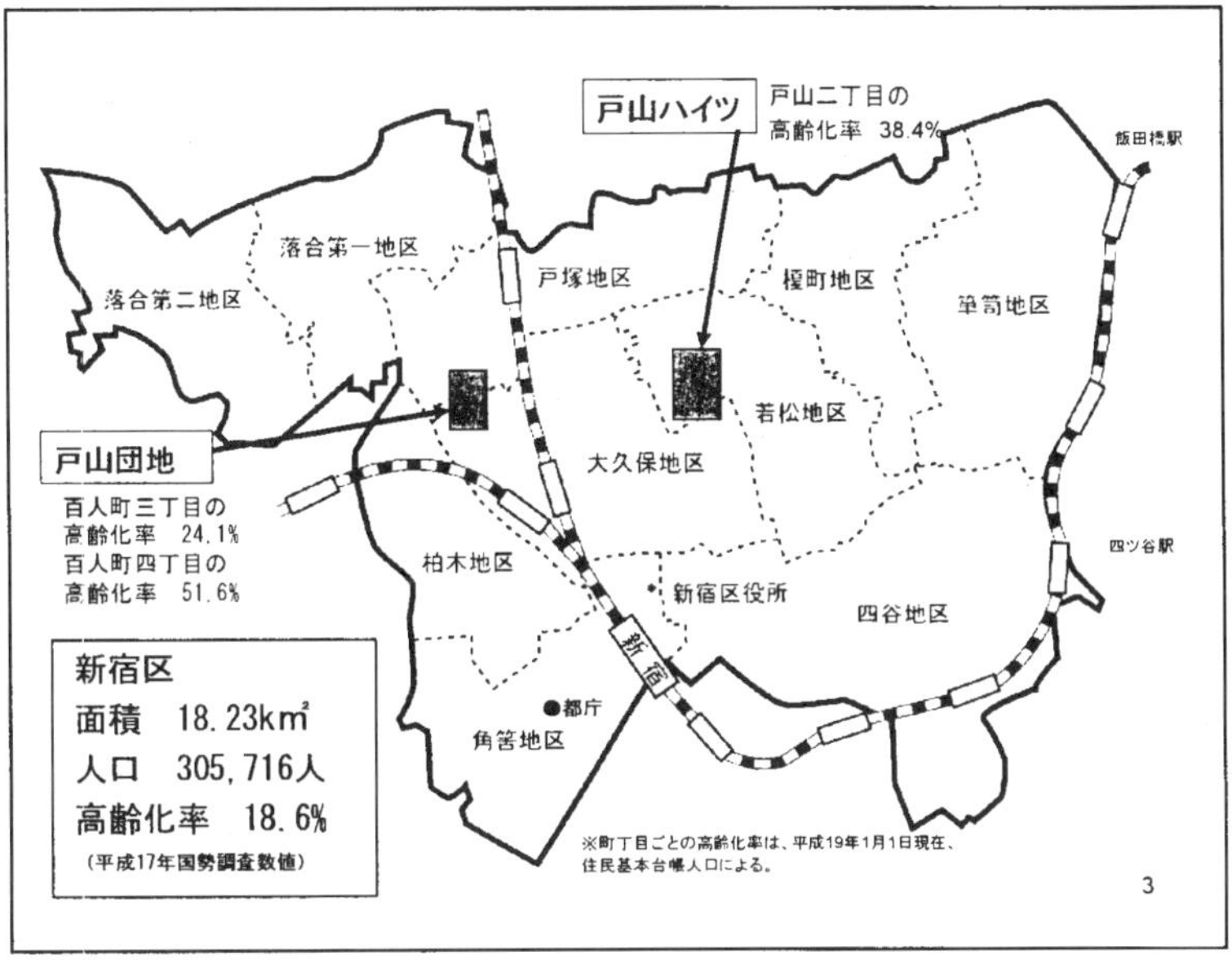

全国・東京都・新宿区の高齢者人口

単位：人

	総数	うち65歳以上		うち75歳以上	
		人数	割合	人数	割合
全国	127,767,994	25,672,005	20.1%	11,601,898	9.1%
東京都	12,576,601	2,295,527	18.3%	977,183	7.8%
新宿区	305,716	56,746	18.6%	25,892	8.5%

平成17年国政調査 第1次基本集計結果　4

全国・東京都・新宿区の単身世帯数、高齢者の率

単位：人

	総数	うち65歳以上		うち75歳以上	
		人数	割合	人数	割合
全国	14,457,083	3,864,778	26.7%	1,966,953	13.6%
東京都	2,444,145	498,443	20.4%	246,757	10.1%
新宿区	98,923	17,237	17.4%	8,543	8.6%

平成17年国政調査　第1次基本集計結果　5

全国・東京都・新宿区の一人暮らし高齢者率

	一人暮らし率	65歳以上	75歳以上
		一人暮らし率	一人暮らし率
全国	11. 3%	15. 1%	17. 0%
東京都	19. 4%	21. 7%	25. 3%
新宿区	32. 4%	30. 4%	33. 0%

平成17年国政調査　第1次基本集計結果　6

高齢者の孤独死防止への取組み

7

取組み の経過

- 高齢者(65歳以上)の独居世帯(17,237人:平成17年度国勢調査)、高齢者のみ世帯(8,543人:同)の増加に伴い、高齢者の孤独死がたびたび報道されるようになっている。
- 区では従来から高齢者の見守りにつながる事業として、地域見守り協力員事業、配食サービス事業、緊急通報システム事業等を実施している。
- 区としては高齢者の見守り体制の更なる充実を図るため、平成18年7月、全庁的な孤独死対策検討会を設けた。

8

孤独死の定義

- 孤独死への対策を検討するには、その対象を明確にする必要があるが、明確な定義はない。介護サービスなど区施策を利用している者や通院している者、家族など見守る者がいる者等他者と一定の接触がある場合、死亡後たまたま暫く発見されないとしても必ずしも孤独死とはいえない。逆に、死亡後1週間程度の発見であっても孤独死とすべき場合もある。自殺を孤独死に含めることも適当でない。
- そこで、孤独死対策の検討に先立ち、区が孤独死対策を講ずべき対象者を「二週間毎程度に見守る者がいない、独居又は高齢者のみ世帯の高齢者」とする。

9

新宿区内における孤独死の実態

- 生活福祉課が把握している近年の孤独死者数は年間約60人から70人程度であり、その3分の2程度は65歳以上である。人口動態統計等データによっても孤独死は100人程度と推測されるが、明確な数字をとらえることは難しい。

10

今後の孤独死対策の考え方

- 日常的に家族や近隣との人間関係がある場合に孤独死に陥る可能性は低い。人間関係が希薄だと異変を誰にも気づかれず、孤独死という結果を招きかねない。
- また、家族や近隣との人間関係を日常生活において持てない、或いは持とうとしない区民も多くなっている。特に、匿名性の高い集合住宅に居住する高齢者は閉じこもりになりやすいとも言われており、高齢化の進む公営住宅等においては、そのリスクが高いと思われる。
- このため、今後このような高齢者に対して何らかの形で見守りのネットワークに入ることを促していく必要があると共に、地域の力による見守りを強めていくことが、孤独死問題解決の基本となると思われる。

11

高齢者の見守り事業

- 配食サービス
- 寝具乾燥消毒サービス
- 緊急通報システム
- 地域見守り協力員
- 高齢者クラブ友愛活動
- 民生委員活動
- 地域包括支援センター等による高齢者相談事業

12

孤独死防止への取組み1

従来の見守り事業に加え、下記事業を実施する。

平成18年度の取り組み

- ゴミの訪問収集の対象拡大と安否確認モデル事業（新宿清掃事務所）
- 高齢者単身世帯見守り事業（生活福祉課）
- 高齢者の孤独死予防に係る広報紙掲載（高齢者サービス課）
- 孤独死を考えるシンポジウム開催（高齢者サービス課）
- 孤独死対策連絡会議の設置（庁内関係課）

13

孤独死防止への取組み2

平成19年度の主な取り組み

- ゴミの訪問収集による安否確認事業を区内全域に拡大する（新宿清掃事務所）
- 一人暮らし高齢者への情報紙の訪問配布事業（高齢者サービス課）
- 孤独死を考えるシンポジウム開催（高齢者サービス課）
- 孤独死対策連絡会議を通じた庁内連携（関係各課）

14

巻末資料3

平成19年8月28日

ＵＲ都市機構

孤独死に関する対策等について

1　孤独死の定義

孤独死とは、「病死又は変死」事故の一態様で、死亡時に単身居住している賃借人が、誰にも看取られることなく、賃貸住宅内で死亡した事故をいい、自殺又は他殺を除く。

2　孤独死の発生件数

別添のとおり（平成11年度以降統計収集）

3　地域における高齢者の見守り活動

(1)　団地自治会との定期協議（連携研究会）

(2)　団地自治会と連携した地域における高齢者見守り活動

①　安心登録カード

②　安心コール

③　ごみ出しサービス

(3)　主な課題

① 提供するサービスは、希望者のみを対象とする手上げ方式であるため、孤独死対策としては十分に機能していない。

② 個人情報保護法により情報取得が困難となっていることが、団地自治会よる主体的な地域活動の展開を阻む。

以　上

住戸内死亡事故発生件数

	事故件数		
		内)65歳以上	%
平成11年度	207	94	45%
平成12年度	235	123	52%
平成13年度	248	135	54%
平成14年度	291	156	54%
平成15年度	318	190	60%
平成16年度	409	250	61%
平成17年度	458	299	65%
平成18年度	517	326	63%
H11～H18合計	2,683	1,573	59%

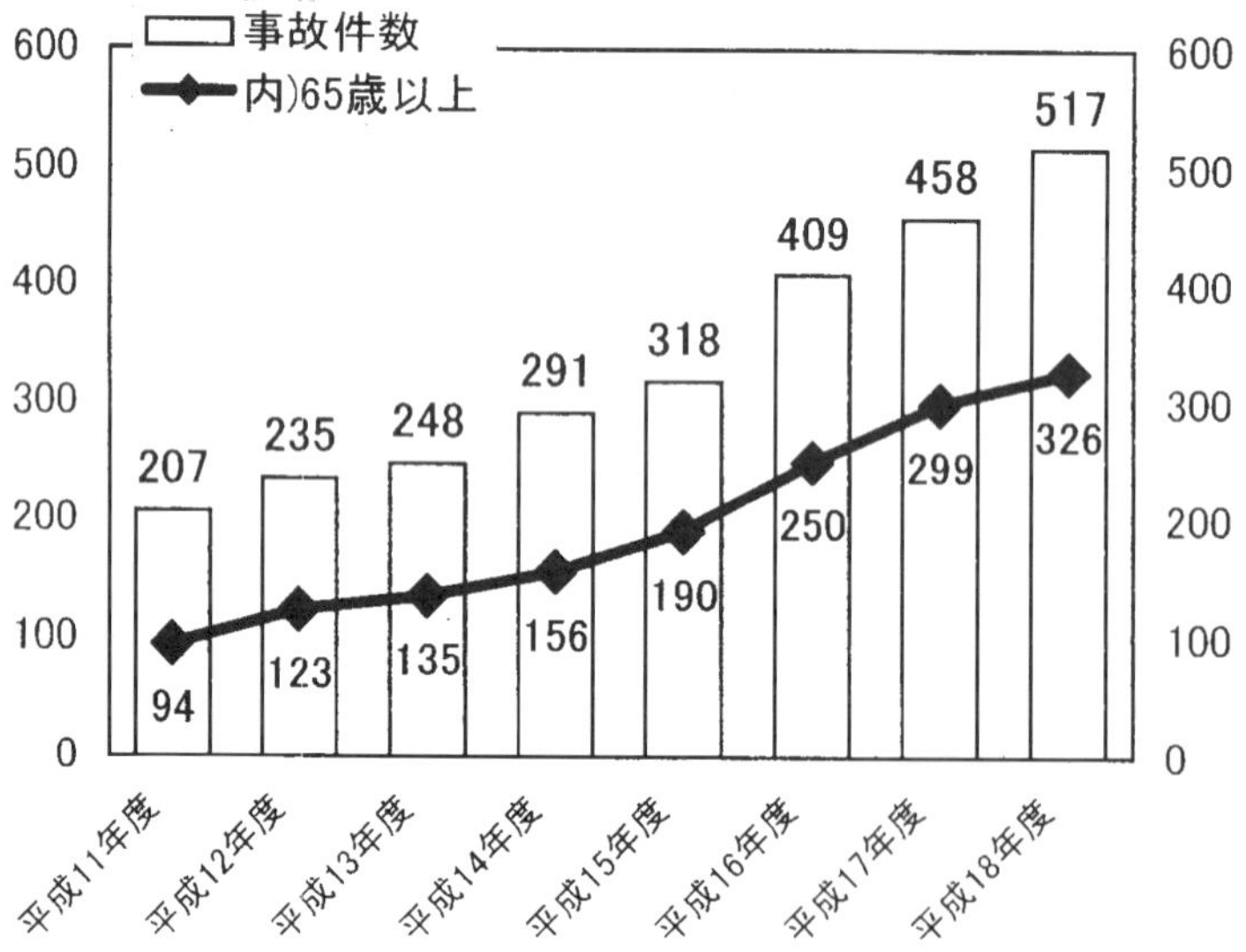

著者紹介

中沢《なかざわ》　卓実《たくみ》

1934年生まれ。現在、松戸市常盤平団地自治会会長22年目。松戸市社会福祉協議会理事。2002年から「孤独死問題」に取り組み、現在、全国的に啓発活動を展開中。「孤独死研究会」を主宰。常盤平団地自治会ホームページ　http://www.ne.jp/asahi/toki/jiti/

監修者紹介

結城《ゆうき》　康博《やすひろ》（社会福祉士・ケアマネジャー・介護福祉士）

1969年生まれ。淑徳大学社会福祉学部卒業後、法政大学大学院博士課程修了（政治学博士）。地域包括支援センター勤務後、淑徳大学准教授に就任。研究領域は社会保障論、社会福祉学。著書に『入門―特定健診・保健指導』（ぎょうせい出版）2007年、『医療の値段－診療報酬と政治』（岩波新書）2006年、『福祉社会における医療と政治』、『これからの介護保険を考える』（本の泉社）2004年。

常盤《ときわ》平《だいら》団地《だんち》発信《はっしん》

孤独死《こどくし》ゼロ作戦《さくせん》

生《い》きかたは選《えら》べる！

2008年２月10日　初版第１刷

著　者　中沢《なかざわ》　卓実《たくみ》
監　修　結城《ゆうき》　康博《やすひろ》

発行者　比留川　洋
発行所　株式会社　本の泉社
〒113-0033　東京都文京区本郷2-25-6
電話 03-5800-8494　FAX 03-5800-5353
http://www.honnoizumi.co.jp/
印刷・製本　松澤印刷株式会社

Printed in Japan　ISBN978-4-7807-0360-3